Virilité de l'humanité

Alfred Korzybski

Writat

Cette édition parue en 2023

ISBN : 9789359250212

Publié par
Writat
email : info@writat.com

Contenu

Préface

Ce livre est avant tout une étude de l'Homme et embrasse finalement toutes les grandes qualités et problèmes de l'Homme. En tant qu'étude de l'Homme , elle prend en considération *toutes* les caractéristiques qui font de l'Homme ce qu'il est. Si certains lecteurs constatent l'absence de certaines expressions qui leur sont familières, cela ne veut pas dire que l'auteur ne ressent pas ou ne pense pas comme beaucoup d'autres – il le fait – et c'est tout à fait vrai ; mais dans ce livre on s'est efforcé d'aborder le problème de l'Homme d'un point de vue scientifique et mathématique, et c'est pourquoi on a pris grand soin de ne pas *utiliser* de mots insuffisamment définis ou de mots aux significations multiples. L'auteur a fait tout son possible pour utiliser des mots qui transmettent uniquement le sens voulu, et dans le cas de certains mots, tels que « spirituel » , le mot « soi-disant » a été ajouté , non pas parce que l'auteur a une quelconque croyance. ou l'incrédulité à l'égard de tels phénomènes ; il n'y a pas besoin de *croyances* car certains de ces phénomènes existent, peu importe ce que nous en pensons ou quel que soit le nom que nous leur donnons ; mais parce que le mot « spirituel » n'est pas défini scientifiquement, et que chaque individu comprend et utilise ce mot de manière *personnelle* et privée. Pour être *impersonnel* , l' auteur a dû indiquer cet élément en ajoutant « soi-disant ». Je répète encore une fois que ce livre n'est pas un livre « matérialiste » ou « spiritualiste » – c'est une étude de « l'Homme » et par conséquent doit et *doit* inclure des phénomènes matérialistes aussi bien que spirituels, car seul le complexe de ces phénomènes constitue le complexe. de l'Homme.

Le problème n'a pas été abordé du point de vue d'une quelconque doctrine ou croyance privée, mais d'un point de vue mathématique, technique, impersonnel et sans passion. Il est évident que pour pouvoir parler des grandes affaires de l'Homme, de son statut spirituel, moral, physique, économique, social ou politique, il faut d'abord s'assurer de ce qu'est l'Homme, quelle est sa véritable nature et quelles sont les lois fondamentales. de sa nature. Si nous parvenons à trouver les lois de la nature humaine, tout le reste sera une tâche relativement facile : le statut éthique, social, économique et politique de l'homme doit être en accord avec les lois de sa nature ; alors la civilisation sera une civilisation humaine – une civilisation permanente et pacifique – pas avant.

Il est inutile de discuter si l'électricité est « naturelle » ou « *surnaturelle* », d' origine « matérielle » ou « spirituelle » . En fait, nous ne posons pas ces questions en étudiant l'électricité ; nous nous efforçons de découvrir les lois naturelles qui le régissent et, en manipulant des fils sous tension, nous ne discutons ni ne spéculons à leur sujet - nous utilisons des gants en caoutchouc, etc. Il en sera de même avec l'homme et les grandes affaires de l'homme - nous avons, premièrement, tout, pour savoir ce qu'est l'Homme.

Bien que ce livre ait été écrit avec un soin scrupuleux pour éviter les mots ou les termes au sens vague – et bien qu'il puisse souvent paraître froidement critique à l'égard des choses métaphysiques, il n'a pas été écrit avec indifférence à ce grand, peut-être le plus grand, besoin du cœur humain. – l'envie de vérité spirituelle – notre aspiration aux potentialités supérieures de ce que nous appelons « esprit », "âme" et "esprit" - mais il a été écrit avec le profond désir de trouver la source de ces qualités, leur signification scientifique et une preuve scientifique, afin qu'elles puissent être approchées et étudiées par les meilleurs esprits du monde. sans les digressions et les interprétations erronées provoquées par la couleur et la confusion des émotions personnelles ; et si l'on lit le livre avec attention, on verra que, bien que la définition clarificatrice des classes de la vie ait été principalement utilisée dans le livre en raison de sa grande puissance de transmission dans le monde pratique, sa plus grande aide sera en fin de compte de *guider* le l'investigation, la juste valorisation et surtout le contrôle et l'utilisation des pouvoirs humains supérieurs.

En écrivant ce livre, j'ai non seulement introduit de nouvelles idées et de nouvelles méthodes d'analyse, mais j'ai également utilisé un langage nouveau pour moi. Le manuscrit original était très grossier et de forme étrangère, et je suis grandement redevable à divers amis pour leur gentillesse patiente en corrigeant les nombreuses erreurs de mon mauvais anglais.

J'ai également de grandes obligations envers Walter Polakov , docteur en ingénierie, pour ses suggestions extrêmement utiles, non seulement en me donnant une critique approfondie du point de vue de l'ingénieur, mais aussi en consacrant ses énergies à l'organisation du premier " Time- « Club contraignant » où ces problèmes ont été discutés et critiqués, avec de grands résultats pratiques.

À tous ceux qui ont lu et critiqué le manuscrit ou qui ont aidé d'une autre manière : Professeurs EH Moore, CJ Keyser, JH Robinson, Burges Johnson, EA Ross, A. Petrunkevitch ; et les Docteurs J. Grove-Korski, Charles P. Steinmetz, JP Warbasse ; Robert B. Wolf, vice-président de l'American Society of Mechanical Engineers ; Champlain L. Riley, vice-président de l'American Society of Heating and Ventilating Engineers; Mlle Joséphine Osborn ; aux auteurs, L. Brandeis, EG Conklin, CJ Keyser, J. Loeb, ES Mead, H. O'Higgins, W. Polakov , JH Robinson, RB Wolf, pour leur aimable autorisation de les citer, je souhaite exprimer mon Appréciations sincères.

Je souhaite également exprimer ma plus profonde gratitude à mon épouse, anciennement Mira Edgerly, qui a trouvé dans cette découverte de la loi naturelle pour la classe humaine de la vie, la solution à sa recherche de toute une vie et qui, en raison de son intérêt pour ma travail, m'a apporté une aide incomparable et des critiques précieuses. Il n'est pas exagéré de dire que sans son travail constant et acharné et *son temps, qui m'a fait gagner du temps* , ce livre n'aurait pas pu être produit dans un laps de temps aussi court.

M. Walter Polakov de New York, conseiller industriel et ingénieur industriel à New York, a aimablement accepté, à ma demande, d'agir, avec mon autorité, en tant que mon représentant à qui toute autre question devrait être adressée en mon absence d'Amérique.

À tous les autres amis qui m'ont aidé de nombreuses manières personnelles, j'exprime ma gratitude, tout comme je souhaite également remercier John Macrae, Esq., vice-président d'EP Dutton & Co., pour son attitude inhabituelle lors de la publication du livre.

AK
17 janvier 1921
New York.

Chapitre I.
Introduction. Méthode et processus d'approche d'un nouveau concept de vie

> «Pendant un temps, il a piétiné en toute impunité les lois humaines et divines mais, obsédé par l'illusion selon laquelle deux et deux font cinq, il est tombé, enfin victime des règles implacables de l'humble arithmétique.
>
> "Souviens-toi, ô étranger, que l'arithmétique est la première des sciences et la mère de la sécurité."
>
> BRANDEIS.

Le but de ce petit livre est d'ouvrir la voie à une nouvelle science et à un nouvel art : la science et l'art de l'ingénierie humaine. Par ingénierie humaine, j'entends la science et l'art de diriger les énergies et les capacités des êtres humains vers l'avancement du bien-être humain. Il n'est pas nécessaire de prétendre à notre époque que la création d'une telle science – la science du bien-être humain – est une entreprise d'une importance incommensurable. Personne ne peut ignorer que son importance est suprême.

Il est évident que, si une telle science doit être établie, elle doit être fondée sur des faits avérés – elle doit être en accord avec ce qui est *caractéristique* de l'Homme – elle doit être basée sur une juste conception de ce qu'est l' Homme – sur une juste compréhension de l'être humain. place dans le schéma de la Nature.

Personne n'a besoin de dire à quel point il est indispensable d'avoir de vraies idées – juste des concepts – des notions correctes – des choses avec lesquelles nous, les humains, devons faire face ; tout le monde sait, par exemple, que prendre des solides pour des surfaces ou des lignes ruinerait la science et l'art de la géométrie ; tout le monde sait que confondre des fractions avec des nombres entiers ruinerait la science et l'art de l'arithmétique ; tout le monde sait que confondre le vice avec la vertu détruirait les fondements de l'éthique ; tout le monde sait que confondre un mirage du désert avec un lac d'eau douce ne fait qu'attirer le voyageur évanoui vers une terrible déception ou la mort. Or, il est parfaitement clair que de toutes les choses auxquelles les êtres humains doivent faire face, la plus importante, et de loin, est l'homme lui-même – l'humanité – les hommes, les femmes et les enfants. Il s'ensuit que pour nous, êtres humains, rien d'autre ne peut être aussi important qu'un concept scientifique clair, vrai, juste de l'Homme – une bonne compréhension de ce que nous sommes réellement en tant qu'êtres humains.

Car cela n'exige pas une grande sagesse, il suffit d'un peu de réflexion, pour comprendre que, si nous, les humains, nous méprenons radicalement sur la nature de l'homme – si nous considérons l'homme comme quelque chose qu'il n'est pas, qu'il soit supérieur ou inférieur à l'homme – nous commettons ainsi une erreur si fondamentale et si profonde qu'elle produit toutes sortes de confusion et de désastre dans la vie individuelle, dans la vie communautaire et dans la vie de la race.

La question que nous devons donc avant tout considérer est fondamentalement : Qu'est-ce que l'Homme ? Qu'est-ce qu'un homme ? Qu'est ce qu'un être humain? Quelle est la marque déterminante ou caractéristique de l'humanité ? A cette question, deux réponses, deux seulement, ont été données au cours des âges, et toutes deux sont d'actualité aujourd'hui. L'une des réponses est biologique : l'homme est un animal, une certaine sorte d'animal ; l'autre réponse est un mélange en partie biologique et en partie mythologique ou en partie biologique et en partie philosophique – l'homme est une combinaison ou une *union* d'un animal avec quelque chose de surnaturel. Une partie importante de ma tâche sera de montrer que ces deux réponses sont radicalement fausses et que, par-dessus tout, elles sont les principales responsables de ce qu'il y a de lamentable dans la vie et l'histoire de l'humanité. Ceci fait, la question demeure : qu'est-ce que l'Homme ? J'espère montrer de manière claire et convaincante que la réponse se trouve dans le fait évident que les êtres humains possèdent à des degrés divers une certaine faculté, un certain pouvoir ou une certaine capacité naturelle qui sert à la fois à leur conférer la dignité qui leur revient en tant qu'êtres humains et à les discriminer. , non seulement des minéraux et des plantes, mais aussi du monde animal, cette faculté, ce pouvoir ou cette capacité humaine particulière ou caractéristique, j'appellerai la faculté *de lier le temps ou le pouvoir de lier le temps* ou la capacité *de lier le temps* . Ce que j'entends par contrainte temporelle sera clairement et pleinement expliqué au cours de la discussion, et lorsque cela sera clarifié, la question - Qu'est-ce que l'homme ? - recevra une réponse en disant que l'homme est un être naturellement doté de temps. - la capacité de liaison – qu'un être humain est un limiteur de temps – que les hommes, les femmes et les enfants constituent la classe de la vie qui fixe le temps.

Il restera alors la grande tâche d'indiquer et, dans une certaine mesure, d'esquisser certaines des manières importantes par lesquelles la véritable conception de l'homme en tant qu'homme transformera notre vision de la société humaine et du monde, affectera notre conduite humaine et nous donnera un corps croissant de connaissances. sagesse scientifique concernant le bien-être de l'humanité, y compris de toute la postérité.

Le but de ce chapitre d'introduction est d'examiner certaines questions générales de nature préliminaire - d'indiquer l'esprit de l'entreprise - de fournir un bref cours d'approche et de préparation - de déblayer le terrain, pour ainsi dire, et de se préparer à l'action.

Il y a deux manières de glisser facilement dans la vie : à savoir tout croire, ou douter de tout ; les deux manières nous évitent de réfléchir. La majorité adopte la ligne de moindre résistance, préférant que sa réflexion soit faite à sa place ; ils acceptent comme siennes des doctrines individuelles et privées toutes faites et les suivent plus ou moins aveuglément. Chaque génération considère ses propres croyances comme vraies et permanentes et a un sourire mêlé de pitié et de mépris pour les préjugés du passé. Au cours de deux cents générations ou plus de notre passé historique, cette attitude s'est répétée deux cents fois ou plus, et si nous ne faisons pas très attention, nos enfants auront la même attitude à notre égard.

Il ne fait aucun doute que l'humanité appartient à une classe de vie qui détermine dans une large mesure son propre destin, établit ses propres règles d'éducation et de conduite et influence ainsi chaque mesure que nous sommes libres de prendre dans la structure de notre système social. Mais le pouvoir des êtres humains de déterminer leur propre destinée est limité par la loi naturelle, la loi de la nature. C'est le conseil de la sagesse de découvrir les lois de la nature, y compris les lois de la nature humaine, puis de vivre conformément à elles. Le contraire est une folie.

Un agriculteur doit connaître les lois naturelles qui régissent son blé, son maïs ou sa vache, sinon il n'aura pas des récoltes satisfaisantes, ni la qualité et l'abondance du lait qu'il désire, alors que la connaissance de ces lois lui permet de produire le lait le plus favorable. conditions pour ses plantes et ses animaux, et ainsi obtenir les résultats souhaités.

L'humanité doit connaître les lois naturelles des humains, sinon les humains ne créeront pas les conditions et les coutumes qui régulent les activités humaines qui leur permettront de bénéficier des circonstances les plus favorables pour le développement humain le plus complet dans la vie ; ce qui signifie la libération du maximum d'énergie et d'expression naturelles et créatrices dans les domaines mental, moral, matériel et spirituel et dans tous les autres grands domaines de l'activité humaine, aboutissant au bonheur dans la vie et au travail - collectivement et individuellement - car les conditions de gain d'un moyen de subsistance influencent et façonnent tous nos processus et activités mentaux, la qualité et la forme des relations humaines.

Chaque réalisation humaine, qu'il s'agisse d'une découverte scientifique, d'un tableau, d'une statue, d'un temple, d'une maison ou d'un pont, doit d'abord être conçue dans l'esprit – le plan réfléchi – avant de pouvoir devenir réalité, et quand quelque chose doit être tentée en impliquant un certain nombre d'individus - des méthodes de coordination doivent être prises en compte -

les méthodes qui se sont révélées les mieux adaptées à de telles entreprises sont les méthodes d'ingénierie - l'ingénierie d'une idée en vue d' *une* réalisation *complète* . Tout ingénieur doit connaître les matériaux avec lesquels il doit travailler et les lois naturelles de ces matériaux, telles que découvertes par l'observation et l'expérience et formulées par les mathématiques et la mécanique ; sinon il ne peut pas calculer les forces dont il dispose ; il ne peut pas calculer la résistance de ses matériaux ; il ne peut pas déterminer la capacité et les besoins de sa centrale électrique ; en bref , il ne peut pas utiliser ses ressources de la manière la plus rentable possible. Dernièrement, dans toutes les industries et particulièrement pendant la fin de la guerre mondiale, qui était elle-même un gigantesque processus industriel, un autre facteur s'est manifesté et s'est avéré de la plus haute importance : à savoir le facteur humain, qui n'est pas matériel mais est mental, moral, psychologique. . Il a été constaté que la production maximale peut être atteinte lorsque et seulement lorsque la production est effectuée conformément à certaines lois psychologiques, grossièrement déterminées par l'analyse de la nature humaine.

À l'exception du travail humain productif, notre planète est trop petite pour supporter la population humaine qui s'y trouve actuellement. L'humanité doit produire ou périr.

La production est essentiellement une tâche d'ingénieurs ; cela dépend essentiellement de la découverte et de l'application des lois naturelles, y compris les lois de la nature humaine. Il ne s'agit donc pas d'une tâche relevant d'une spéculation philosophique démodée ni d'un raisonnement métaphysique stérile *in vacuo* ; c'est une tâche scientifique qui implique la coordination et la coopération de toutes les sciences. C'est pourquoi il s'agit d'une tâche d'ingénierie.

Car l'ingénierie, bien comprise, est la somme totale coordonnée des connaissances humaines accumulées à travers les âges, avec les mathématiques comme principal instrument et guide. L'ingénierie humaine incarnera la théorie et la pratique – la science et l'art – de toutes les branches de l'ingénierie unies par un objectif commun : la compréhension et le bien-être de l'humanité.

Ici, je tiens à préciser très clairement que les mathématiques ne sont pas ce que beaucoup de gens pensent ; ce n'est pas un système de simples formules et théorèmes ; mais comme le professeur Cassius J. Keyser l'a magnifiquement défini dans son livre *The Human Worth of Rigorous Thinking* (Columbia University Press, 1916), les mathématiques sont la science de la « pensée exacte ou pensée rigoureuse » et l'une de ses caractéristiques distinctives est « la précision » . , netteté, exhaustivité des définitions. Cette qualité à elle seule suffit à expliquer pourquoi les gens n'aiment généralement pas les mathématiques et pourquoi même certains scientifiques refusent catégoriquement d'avoir quoi que ce soit à voir avec des problèmes impliquant un raisonnement mathématique. En attendant, la philosophie mathématique n'a que très peu, voire rien à voir avec de simples calculs, ni avec les nombres en tant que tels, ni avec les formules ; c'est une philosophie où une réflexion précise, pointue et rigoureuse est essentielle. Ceux qui refusent délibérément de penser « rigoureusement » – c'est-à-dire mathématiquement – dans des contextes où une telle pensée est possible, commettent le péché de préférer le pire au meilleur ; ils violent délibérément la loi suprême de la rectitude intellectuelle.

Ici, je dois préciser qu'aux fins de l'ingénierie humaine, les anciens concepts de matière, d'espace et de temps suffisent au départ ; ils suffisent à peu près de la même manière qu'ils l'ont été dans l'ancienne science de la mécanique. Au sens figuré, l'ingénierie humaine est un ordre supérieur d'ingénierie de pont : elle vise à combler un fossé dans la vie pratique ainsi que dans la connaissance. Les anciennes significations de la matière, de l'espace et du temps étaient suffisamment bonnes pour empêcher l'effondrement d'un pont ; la même compréhension de l'espace et du temps utilisée dans ce livre protégera la société et l'humanité des effondrements périodiques. La mécanique ancienne conduit directement à une telle connaissance des lois intrinsèques régissant l'univers qu'elle suggère la nouvelle mécanique. L'ingénierie humaine jettera un nouvel éclairage sur de nombreuses conceptions anciennes et facilitera l'étude et la compréhension de la matière, de l'espace et du temps dans leurs significations relatives, et conduira peut-être finalement à une compréhension de leurs significations absolues.

La philosophie sous sa forme ancienne ne pouvait exister qu'en l'absence d'ingénierie, mais avec l'ingénierie existante et chaque jour plus active et de plus grande portée, l'ancienne philosophie verbale et la métaphysique ont perdu leur raison d'exister. Ils n'étaient pas plus capables de comprendre la « production » de l'univers et de la vie qu'ils ne sont aujourd'hui capables de comprendre ou de s'attaquer à la « production » comme moyen d'offrir une existence plus heureuse à l'humanité. Ils ont échoué parce que leur vénérée méthode de « spéculation » ne peut pas *produire*, et sa place doit être prise par la pensée mathématique. Le raisonnement mathématique remplace le raisonnement métaphysique. L'ingénierie fait disparaître la philosophie verbale et l'humanité y gagne incontestablement. Seuls quelques parasites et « spéculateurs » pleureront la disparition de leur ancienne compagne « spéculation ». Le monde des producteurs – la majorité prédominante des êtres humains – accueillera favorablement une philosophie de pensée et de production ordonnées.

Les scientifiques, tous, ont sans doute leur devoir, mais ils ne mettent pas pleinement à profit leur éducation s'ils ne cherchent pas à élargir leur sens des responsabilités envers l'humanité tout entière au lieu de s'enfermer dans une spécialisation étroite où ils trouvent leur plaisir. Ni les ingénieurs ni les autres hommes de science n'ont le droit de préférer leur paix personnelle au bonheur de l'humanité ; leur place et leur devoir sont en première ligne de l'humanité en lutte, et non dans les rangs imperturbables de ceux qui se tiennent à l'écart de la vie. S'ils sont indifférents ou découragés parce qu'ils sentent ou pensent savoir que la situation est désespérée, il peut être prouvé qu'un pessimisme excessif est une « religion » aussi dangereuse que n'importe quelle autre croyance aveugle. En fait, il y a très peu de différence de nature entre le fanatisme médiéval de la « sainte Inquisition » et l'intolérance moderne à l'égard des idées nouvelles. Toutes les sortes d'intellects doivent s'unir, car aussi longtemps que nous présupposerons que la situation est désespérée, la situation sera effectivement désespérée. L'esprit de l'ingénierie humaine ne connaît pas le mot « désespéré » ; car les ingénieurs savent que de mauvaises méthodes sont seules responsables de résultats désastreux et que chaque situation peut être résolue avec succès en utilisant des moyens appropriés. La tâche des sciences de l'ingénieur n'est pas seulement de savoir mais de savoir comment. La plupart des scientifiques et des ingénieurs ne réalisent pas encore que leur jugement commun serait invincible ; aucun système ni aucune classe ne voudrait l'ignorer. Leur savoir est la force même qui fait vibrer la vie de l'humanité. Si les scientifiques et les ingénieurs n'ont pas de base commune sur laquelle s'unir, il faut leur fournir une base commune. Aujourd'hui, la pression de la vie est telle que nous ne pouvons pas avancer sans leur direction coordonnée. Mais il faut d'abord avoir le désir d'agir. L'un des objectifs de ce livre est de fournir le stimulus nécessaire en montrant que l'ingénierie humaine nous sauvera de l'enchevêtrement des opinions privées et nous permettra d'aborder tous les problèmes de la vie et de la société humaine sur une base scientifique.

Si ceux qui savent pourquoi et comment négligent d'agir, ceux qui ne savent pas agiront et le monde continuera de patauger. L'histoire entière de l'humanité et en particulier la situation critique actuelle du monde ne montrent que trop tristement à quel point il est dangereux et coûteux de laisser le monde gouverné par ceux qui ne savent pas.

En payant le prix de cette guerre, nous avons compris que même le particulier ne peut se permettre de vivre absorbé par sa propre vie et de ne pas prendre part aux affaires publiques. Il doit prendre l'habitude de prendre sa part de responsabilité publique. Cela signifie qu'un très grand nombre de travaux très simples, tous allant dans le sens d'un travail plus vaste, doivent être accomplis pour éduquer, non seulement les ingénieurs et les scientifiques, mais le grand public, à coopérer à l'établissement de la pratique de l'humanité. Ingénierie dans toutes les affaires de la société humaine et de la vie.

En écrivant ce livre, j'ai dû faire face à d'énormes difficultés pour exprimer de nouvelles pensées et indiquer de nouvelles méthodes. Le lecteur qui s'arrêtera à critiquer des mots ou des expressions en raison de leur usage plus ou moins heureux ou malheureux passera à côté de tout l'intérêt de l'ouvrage. La lecture devrait être faite en vue de voir combien on peut y trouver de nouveau et de bon qui pourrait être élaboré davantage et mis sous une meilleure forme. Cette nouvelle entreprise est trop difficile et trop vaste pour le travail seul d'un seul homme : la vie est trop courte.

La méthode utilisée dans ce livre pour analyser les phénomènes de la vie est essentiellement une méthode d'ingénierie, et comme la physique et la mécanique suggèrent toujours aux mathématiciens de nouveaux domaines d'analyse, il n'est pas improbable que l'ingénierie humaine donne aux mathématiciens des domaines de recherche nouveaux et intéressants. Le rôle le plus humble des mathématiciens en ingénierie humaine peut être comparé à celui des « comptables publics » qui mettent *de l'ordre dans* les affaires des affaires.

À propos des mathématiques, Bertrand Russell a dit : « La logique est la jeunesse des mathématiques, les mathématiques sont la virilité de la logique. » Cette brillante *phrase* de l'éminent philosophe des mathématiques est sans doute juste et profondément significative ; le moins qu'elle puisse nous apprendre, c'est qu'il est inutile de chercher une ligne de démarcation entre la logique et les mathématiques, car une telle ligne n'existe pas ; en chercher un ne sert qu'à trahir son ignorance de la philosophie mathématique. Ailleurs, M. Russell dit : « L'espoir de satisfaire nos désirs les plus humains, l'espoir de démontrer que le monde a telle ou telle caractéristique éthique, n'est pas un espoir que, autant que je sache, la philosophie puisse faire n'importe quoi pour satisfaire. .» Par « philosophie », il entend la philosophie mathématique – une philosophie rigoureusement scientifique et non vaguement spéculative. Je ne peux absolument pas être d'accord avec lui sur le fait qu'une telle philosophie ne peut apporter aucune contribution à l'éthique. Au contraire, je soutiens, et j'espère montrer dans ce livre, que par la philosophie mathématique, par une pensée rigoureusement scientifique, nous pouvons arriver à la véritable conception de ce qu'est réellement un être humain et qu'en découvrant ainsi la nature caractéristique de l' homme nous arrivons au secret et à la source de l'éthique. L'éthique en tant que science étudiera et expliquera la nature essentielle de l'homme et les obligations que la nature essentielle de l'homme impose aux êtres humains. On verra que vivre de manière juste, vivre de manière éthique, c'est vivre conformément aux lois de la nature humaine ; et quand il sera clairement vu que l'homme est un être naturel, une partie de la nature littéralement, alors on verra que les lois de la nature humaine – les seules règles possibles pour une conduite éthique – ne sont plus surnaturelles ni plus créées *par*l' homme . que la loi de la gravitation, par exemple, ou toute autre loi naturelle.

Il n'est pas étonnant que la pensée mathématique conduise à un tel résultat ; car l'homme est un être *naturel*, l'esprit de l'homme est un *agent naturel*, et les résultats d'une pensée rigoureuse, loin d'être des fictions artificielles, sont des faits naturels – des révélations naturelles des lois naturelles.

J'espère ne pas avoir donné l'impression, par des allusions répétées à la science mathématique, que ce livre devait être, d'un point de vue technique, un traité mathématique. J'ai simplement voulu indiquer que la tâche est conçue et entreprise dans l'esprit mathématique, qui doit être l'esprit directeur de l'ingénierie humaine ; car on ne peut faire confiance à aucune pensée, si elle n'est pas d'esprit mathématique, et, bien que les mathématiciens commettent parfois des erreurs, l'esprit des mathématiques est toujours juste et toujours sain.

Bien que je n'aie pas l'intention de déranger le lecteur avec des arguments mathématiques hautement techniques, il existe quelques considérations mathématiques simples que toute personne ayant une éducation correcte peut comprendre, qui sont d'une extrêmement grande importance pour notre objectif et auxquelles, par conséquent, je demande au la meilleure attention du lecteur. L'une des idées est celle d'une *progression arithmétique* ; une autre est celle d'une *progression géométrique* . Ni l'un ni l'autre n'implique quelque chose de plus difficile que l'arithmétique la plus ordinaire de l'école secondaire ou du bureau de comptage, mais on verra qu'ils jettent un flot de lumière sur bon nombre des préoccupations humaines les plus importantes.

Parce que nous sommes des êtres humains, nous sommes tous intéressés par ce que nous appelons le progrès : le progrès en droit, en gouvernement, en jurisprudence, en éthique, en philosophie, en sciences naturelles, en économie, en beaux-arts, en arts pratiques . , dans la production et la répartition des richesses, dans toutes les affaires affectant le bien-être de l'humanité. C'est un fait que toutes ces grandes questions sont interdépendantes et imbriquées ; il est donc de la plus haute importance que les progrès dans chacune des questions cardinales doivent suivre le progrès dans les autres questions cardinales afin de maintenir un juste équilibre, un juste équilibre, et ainsi de maintenir l'intégrité et la prospérité continue du pays. tout le corps complexe de notre vie sociale ; c'est un fait, un fait d'observation, que dans certaines des grandes questions, le progrès se déroule conformément à une loi et à un rythme d'avancement uniques, et dans d'autres conformément à une loi et à un rythme très différents ; c'est un fait, un fait d'observation et de triste expérience, un fait attesté par toute l'histoire et rendu évident par la raison, qu'en raison des lois et des rythmes de progrès très différents dans les grandes préoccupations essentielles de l'humanité, l'équilibre et l'équilibre entre les les parties sont perturbées, la tension augmente progressivement jusqu'à ce qu'une rupture violente s'ensuive sous forme de conflits sociaux, d'insurrections, de révolutions et de guerres ; c'est un fait que le réajustement qui s'ensuit, comme après un tremblement de terre, établit bien une sorte d'équilibre nouveau, mais c'est un équilibre né de la violence, et il est destiné à être de nouveau perturbé périodiquement et sans fin, à moins que quelque science et L'art de l'ingénierie humaine peut faire progresser les progrès dans tous les grands domaines essentiels au bien-être humain conformément à une seule et même loi ayant sa validité dans la nature de l'homme.

Pris ensemble, les faits qui viennent d'être énoncés sont si importants qu'ils méritent d'être énoncés avec la plus grande insistance et la plus grande clarté. A cette fin, je prie le lecteur de considérer très attentivement et côte à côte les deux séries de chiffres suivantes. La première est une progression géométrique simple, notée (GP) ; la seconde est une simple progression arithmétique, notée (AP) :

GP : 2, 4, 8, 16, 32, 64, 128, 256, 512, 1024, etc.;
PA : 2, 4, 6, 8, 10, 12, 14, 16, 18, 20, etc.

Pour faciliter la comparaison je les laisse commencer par le même nombre et par simplicité j'ai pris 2 pour ce terme initial ; observez que dans le (GP) chaque terme est obtenu à partir du terme précédent en *multipliant* par 2 et que dans le (AP) chaque terme est obtenu à partir de son prédécesseur en ajoutant 2 ; dans la première série, le multiplicateur 2 est appelé raison *et dans la deuxième série, le 2 ajouté à plusieurs reprises est appelé différence* commune ; c'est encore par commodité de comparaison que j'ai choisi le même nombre à la fois en raison et en différence commune et par souci de simplicité que j'ai pris pour ce nombre le nombre facile 2. D'autres choix seraient logiquement tout aussi bons.

Pourquoi ai-je présenté ces deux séries ? Parce qu'ils servent à illustrer parfaitement deux *lois du progrès* très différentes – deux lois représentant *des taux* de croissance, d'augmentation ou *d'avancement très différents* .

Ne manquez pas d'observer à ce propos les deux faits suivants. L'un d'eux est que la grandeur des termes de toute progression géométrique dont le rapport (aussi petit soit-il) est de 2 ou plus dépassera et surpassera la grandeur des termes correspondants de toute progression arithmétique, quelle que soit la taille de la différence commune des ce dernier peut l'être. L'autre fait à noter est que plus le rapport d'une progression géométrique est grand, plus ses termes successifs augmentent rapidement ; de sorte que les termes d'une progression géométrique peuvent augmenter mille, un million ou un milliard de fois plus vite que les termes correspondants d'une autre progression géométrique. Comme toute progression géométrique (de rapport égal à 2 ou plus), aussi lente soit-elle, dépasse toute progression arithmétique, aussi rapide soit-elle, une progression géométrique peut être beaucoup plus rapide qu'une autre du même type .

Il sera évident pour chacun que les deux progressions diffèrent par leur rythme ; et que la différence entre leurs termes correspondants devient de plus en plus grande à mesure que l'on avance ; par exemple, la somme des six premiers termes de la progression géométrique est de 126, alors que la somme des six premiers termes de la progression arithmétique n'est que de 42, la différence entre les deux sommes étant de 84 ; la somme de 8 termes est de 510 pour le (GP) et de 72 pour le (AP), la différence entre ces sommes (de seulement 8 termes chacune) étant de 438, déjà beaucoup plus grande qu'avant ; si maintenant nous prenons les sommes des 10 premiers termes, ils seront 2046 et 110 avec une différence de 1936 ; etc.

Considérons maintenant deux questions d'une grande importance pour le bien de l'humanité – la jurisprudence par exemple, et les sciences naturelles – ou deux autres préoccupations majeures de l'humanité. Il est aussi clair que le soleil de midi que, si le progrès dans l'un des domaines progresse selon la loi d'une progression géométrique et dans l' autre selon une loi de progression arithmétique, le progrès dans le premier domaine sera très rapide et de plus en plus rapidement les progrès dans ce dernier domaine, de sorte que, si les deux intérêts en jeu sont interdépendants (comme ils le sont toujours), une tension se produit progressivement dans les affaires humaines, l'équilibre social est finalement détruit ; s'ensuit une période de réajustement par la violence et la force. Il ne faut pas croire que le cas supposé soit simplement hypothétique. L'histoire entière de l'humanité et en particulier la situation actuelle du monde s'unissent pour montrer que loin d'être simplement hypothétique, le cas supposé a toujours été réel et l'est aujourd'hui à une échelle plus vaste que jamais. Mon argument est que, tandis que les progrès dans certains des grands domaines d'intérêt humain se sont déroulés depuis longtemps conformément à la loi d'une progression géométrique rapidement croissante, les progrès dans d'autres domaines non moins importants n'ont progressé qu'au rythme d'une progression arithmétique. ou, au mieux, au rythme d'une progression géométrique de croissance relativement lente. Pour le voir et le comprendre, il faut payer le petit prix d'un peu d'observation et d'un peu de méditation.

Une invention technologique est réalisée, comme celle d'une machine à vapeur ou d'une presse à imprimer, par exemple ; ou quelque découverte de méthode scientifique, comme celle de la géométrie analytique ou du calcul infinitésimal ; ou une découverte de lois naturelles, comme celle de la chute des corps ou la loi newtonienne de la gravitation. Ce qui se produit? Quel est l'effet sur le progrès de la connaissance et de l'invention ? L'effet est une stimulation. Chaque invention conduit à de nouvelles inventions et chaque découverte à de nouvelles découvertes ; l'invention engendre l'invention, la science engendre la science, les enfants du savoir produisent leurs semblables dans des familles de plus en plus nombreuses ; le processus se poursuit de décennie en décennie, de génération en génération, et le spectacle que nous voyons est celui de l'avancement des connaissances scientifiques et de la puissance technologique selon la loi et le rythme d'une progression géométrique ou d'une fonction logarithmique qui augmente rapidement.

Et maintenant, que devons-nous dire des soi-disant sciences – des pseudo-sciences – que sont l'éthique, la jurisprudence, l'économie, la politique et le gouvernement ? Pour la réponse, il suffit d'ouvrir les yeux et de contempler le monde. Grâce aux progrès réalisés depuis longtemps à une vitesse logarithmique toujours plus rapide dans les domaines de l'invention, des mathématiques, de la physique, de la chimie, de la biologie, de l'astronomie et de leurs applications, le temps, l'espace et la matière ont déjà été conquis à un tel point. à tel point que notre globe, autrefois si vaste en apparence, s'est pratiquement réduit aux dimensions d'une ancienne province ; et de nombreux peuples de langues, de traditions, de coutumes et d'institutions diverses sont désormais contraints de vivre ensemble comme au sein d'une seule communauté. Il faut donc une nouvelle sagesse éthique, une nouvelle sagesse juridique, une nouvelle sagesse économique, une nouvelle sagesse politique, une nouvelle sagesse dans les affaires gouvernementales. Nos temps angoissés crient à de nouvelles visions, mais les seules réponses sont les échos réverbérés des cris lamentables mêlés aux voix bavardes d'hommes publics excités qui ne savent que faire. Pourquoi? Quelle est l'explication ? La question est double : Pourquoi cette maladie ? Et pourquoi pas de remède à portée de main ? La réponse est la même pour les deux. Et la réponse est que les soi-disant sciences de l'éthique, de la jurisprudence, de l'économie, de la politique et du gouvernement n'ont pas suivi le rythme des progrès rapides réalisés dans les autres grandes affaires de l'homme ; ils sont à la traîne ; c'est à cause de leur retard que le monde est devenu dans une si grande détresse ; et c'est à cause de leur retard qu'ils n'ont pas maintenant la sagesse nécessaire pour guérir.

Vous demandez-vous pourquoi les sciences « sociales » – les sciences dites de l'éthique, etc. – sont à la traîne ? La réponse n'est pas loin à chercher ni difficile à comprendre. Ils sont à la traîne, en partie parce qu'ils ont été gênés par les traditions et les habitudes d'un monde révolu : ils ont regardé en arrière plutôt qu'en avant ; ils sont à la traîne, en partie parce qu'ils s'en remettent aux méthodes stériles de la philosophie verbale – ils ont été métaphysiques plutôt que scientifiques ; ils sont à la traîne, en partie parce qu'ils ont souvent été dominés par les convoitises de « politiciens » rusés au lieu d'être dirigés par la sagesse d'hommes d'État éclairés ; ils sont à la traîne, en partie parce qu'ils se soucient avant tout de protéger les « intérêts acquis » , dont ils dépendent pour l'essentiel pour leur soutien ; Cependant, la cause *fondamentale* de leur retard réside dans le fait étonnant que, bien qu'ils soient par nature très *directement* concernés par les affaires de l'humanité, ils n'ont pas découvert ce qu'est réellement l'homme et ont, depuis des temps immémoriaux, faussement considéré l'homme. des êtres soit comme des animaux, soit comme des combinaisons d'animaux et de quelque chose de surnaturel. J'aborderai ces deux conceptions monstrueuses de la nature essentielle de l'homme plus tard dans cet article.

À l'heure actuelle, je me préoccupe surtout de faire comprendre que c'est la grande *disparité entre les progrès rapides des sciences naturelles et technologiques, d'une part, et les progrès lents des* sciences métaphysiques, dites sociales, d'autre part. , qui, tôt ou tard, perturbe l'équilibre des affaires humaines au point d'entraîner périodiquement ces cataclysmes sociaux que nous appelons insurrections, révolutions et guerres. Le lecteur doit noter attentivement que de tels changements cataclysmiques – de tels « sauts », comme nous pouvons les appeler – de tels réajustements violents dans les affaires humaines et les relations humaines – sont enregistrés tout au long de l'histoire de l'humanité. Et je voudrais qu'il voie bien que, parce que la *disparité* qui les produit s'accroît à mesure que nous passons de génération en génération, de terme en terme de nos progressions, les « sauts » en question se produisent non seulement avec une violence croissante, mais avec une fréquence croissante. Ce fait hautement significatif peut être illustré graphiquement dans la figure suivante :

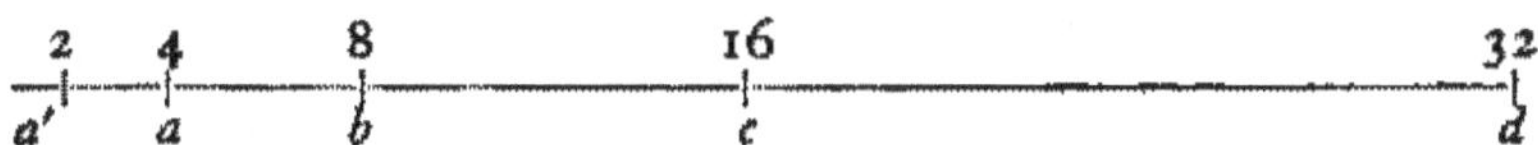

Evolution géométrique des sciences naturelles et technologiques . —
Progrès pacifique.

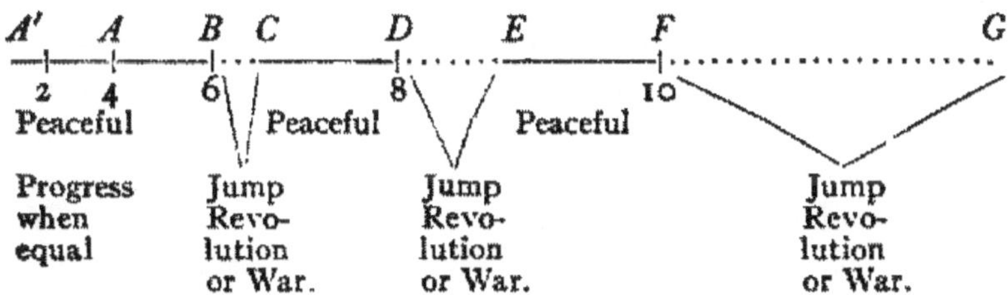

Évolution arithmétique des soi-disant « sciences » sociales, accélérée par de violents « sauts ». — Un progrès social non pacifique .

a'2 , *2a* , *ab* , *bc* , *cd* , représentent la loi géométrique de progression dans les sciences naturelles et technologiques (évolution pacifique).

A'2 , *2A* , *AB* , *CD* , *EF* , représentent la loi arithmétique de progression retardée dans les sciences dites sociales (évolution pacifique).

Les deux pendant les mêmes périodes.

BC , *DE* , *FG* , représentent des révolutions ou des guerres, avec pour conséquences une révolution des idées – le « saut » – un réajustement violent des idées aux faits – forcé par les événements.

ab , *bc* , *cd* , et *AB* , *CD* , *EF* , prennent le même temps, mais la deuxième progression étant beaucoup plus lente que la première, les « sauts » ou révolutions se produisent à des intervalles plus courts au fur et à mesure du temps et donc plus fréquemment. nous obligent à coordonner nos idées avec les faits. Les périodes de paix ou de paix apparente alternent de plus en plus fréquemment avec des périodes de violence ; la *disparité mentionnée* des progrès en temps de paix est le germe d'une violence future. [1]

En fait, ces quelques considérations mathématiques peuvent difficilement être qualifiées de mathématiques ou de philosophie mathématique ; néanmoins, sans attirer l'attention sur ces idées mathématiques très simples, nous ne pourrions pas aller plus loin que par le passé. Nos problèmes de vie ont toujours été « résolus » par des verbalistes et des métaphysiciens rhétoriques qui jouaient habilement avec des mots vagues et qui ignoraient toujours la question suprêmement importante des dimensions parce qu'ils l'ignoraient. Il n'y avait aucun moyen possible de parvenir à un accord sur la signification des mots, ni même sur leur compréhension. Prenons, par exemple, des mots tels que « bon » , « mauvais » ou « vérité » ; des volumes sur des volumes ont été écrits à leur sujet ; personne n'est parvenu à un résultat universellement acceptable ; l'effet a été de multiplier les écoles de philosophie en guerre – sectaires et partisans. En attendant *quelque chose* correspondant à chacun des termes « bien », "mauvais," la « vérité » existe en fait ; mais ce qu'est ce quelque chose attend encore une détermination scientifique. Si seulement ces trois mots pouvaient être scientifiquement définis, la philosophie, le droit, l'éthique et la psychologie cesseraient d'être des « théories privées » ou du verbalisme et passeraient au rang et à la dignité de sciences.

Je peux ici citer une caractéristique de la vie exprimée par l'un des « héros »
de mon estimé ami Harvey O'Higgins, dans son livre *From the Life , Imaginary
Portraits of Some Distinguished Americans* (Harper, NY).

> « Warren n'a jamais philosophé ; il maniait les faits
> comme un artisan manie ses outils ; mais s'il *avait*
> philosophé, sa théorie de la vie aurait probablement été
> à peu près la suivante : « Il n'y a pas de justice, il n'y a pas
> de moralité, dans la nature ou dans les lois naturelles ; la
> justice et la moralité ne sont que des lois de la société
> humaine. Mais la société, la vie naturelle et toute la
> civilisation sont soumises dans leurs aspects les plus
> larges aux lois naturelles – qui contredisent la moralité et
> outragent la justice – et l'homme d'État doit se
> conformer à ces lois et diriger son peuple conformément
> à elles, en dépit des règlements moindres. de moralité et
> de justice. ' »

Si tels sont les credo de « personnes distinguées » quelque part, que pouvons-
nous espérer de mieux que ce que nous voyons dans l'histoire de l'humanité
?

Mais le fait que l'ancienne philosophie, le droit, l'éthique, la psychologie, la
politique et la sociologie n'aient pas pu résoudre les problèmes pratiques de
l'humanité n'est pas une raison pour laquelle nous devrions désespérer. Les
problèmes peuvent être résolus.

Pour suivre le raisonnement de ce livre, il n'est pas nécessaire d'être un
spécialiste hautement qualifié ; les seules qualifications requises sont la
franchise, l'ouverture d'esprit, l'absence de préjugés aveuglants, la
prévenance, un réel désir de vérité et suffisamment de bon sens pour
comprendre que parler d'ajouter trois litres de lait à trois quarts de mile, c'est
dire des bêtises. .

Chapitre II
Enfance de l'humanité

La fin de la guerre mondiale marque la fin de la période de l'enfance de l'humanité. Cette enfance, comme toute enfance, peut être caractérisée comme dépourvue de toute réelle compréhension des valeurs, tout comme celle d'un enfant qui utilise un chronomètre inestimable pour casser des noix.

Cette enfance a été indûment longue, mais heureusement nous sommes proches de sa fin, car l'humanité, ébranlée par cette guerre, reprend ses esprits et doit bientôt entrer dans sa virilité, une période de grandes réalisations et de récompenses dans le nouveau et réel le sens des valeurs s'impose à nous.

Les morts sacrés ne seront pas morts pour rien ; le « vin rouge de la jeunesse », le gâchis gratuit de la vie, nous a montré le prix de la vie, et nous devrons tenir notre serment de rendre l'avenir digne de leur sueur et de leur sang.

Les premières idées ne sont pas nécessairement de vraies idées.

Il existe différents types d'interprétations de l'histoire et différentes écoles de philosophie. Tous ont contribué quelque chose au progrès humain, mais aucun d'entre eux n'a été capable de donner au monde une philosophie de base englobant l'ensemble du progrès de la science et établissant la vie de l'homme sur le fondement constant des faits.

Notre vie est vouée à se développer selon les lois évidentes ou cachées de la nature. Les lois évidentes de la nature ont inspiré la véritable science dès son berceau ; et leurs interprétations ou interprétations erronées ont formé dès les premiers temps des systèmes de droit, d'éthique et de philosophie.

L'intellect humain, qu'il soit celui d'un individu ou celui de la race, tire des conclusions qui doivent souvent être révisées avant de correspondre approximativement aux faits. Ce que nous appelons le progrès consiste à coordonner les idées avec les réalités. La guerre mondiale a appris quelque chose à tout le monde. C'était en effet une grande réalité ; elle nous a habitués à penser en termes de réalité et non en termes de spéculation fantôme. Certaines vérités indubitables ont été révélées. Les faits et la force étaient les choses qui comptaient. Il fallait produire de la puissance pour détruire la puissance hostile ; il s'est avéré que les anciens systèmes politiques et économiques n'étaient pas adaptés à la tâche qui leur était confiée. Le monde a dû créer de nouvelles conditions économiques ; elle fut obligée de compléter les anciens systèmes par des offices spéciaux pour la nourriture, le charbon, les chemins de fer, le transport maritime, le travail, etc. La crise de la guerre mondiale obligea les nations à s'organiser pour produire une plus grande puissance afin de conquérir une puissance déjà grande.

S'il y a quelque chose que cette guerre a prouvé, c'est le fait que l'atout le plus important qu'une nation ou un individu puisse posséder est la capacité « de faire les choses ».

"Au Champ d'honneur, les coquelicots soufflent...", c'est trop vrai ; ils soufflent et ils sont forts et rouges. Mais le but de cet écrit n'est pas la célébration de la poésie, mais l'élucidation et le bon usage des faits.

Normalement, des milliers de lapins et de cobayes sont utilisés et tués dans des laboratoires scientifiques pour des expériences qui rapportent des bénéfices considérables et tangibles à l'humanité. Cette guerre a massacré des millions de personnes et détruit la santé et la vie de dizaines de millions de personnes. Cet apogée de la civilisation d'avant-guerre est-il à passer inaperçu, hormis la poésie et le fumier des champs de bataille, que les « coquelicots soufflent » plus forts et mieux nourris ? Ou la mort de dix hommes sur le champ de bataille a-t-elle autant de valeur en connaissances acquises que la vie d'un lapin tué pour une expérience ? Le grand sacrifice vaut-il la peine d' être analysé ? Il ne peut y avoir qu'une seule réponse : oui. Mais si l'on veut la vérité, l'analyse doit être scientifique.

En science, les « opinions » sont tolérées quand et seulement quand les faits font défaut. Dans ce cas, nous disposons de tous les éléments nécessaires. Il nous suffit de les collecter et de les analyser , en rejetant les simples « opinions » comme étant bon marché et indignes. Ceux qui comprennent cette leçon sauront comment agir pour le bénéfice de tous.

À l'heure actuelle, l'avenir de l'humanité est sombre. « Arrêtez-vous, regardez et écoutez » — la prudence prudente aux passages à niveau — doit être remplacé par « arrêtez-vous, regardez, écoutez et RÉFLÉCHISSEZ » ; non pas pour sauver quelques vies dans des accidents ferroviaires, mais pour préserver la vie de l'humanité. Les organismes vivants, des types inférieurs et plus simples, dans lesquels la différenciation et l'intégration des organes vitaux n'ont pas été poussés très loin, peuvent se déplacer pendant un temps considérable après avoir été privés des appareils par lesquels la force vitale est accumulée et transférée. mais les organismes supérieurs sont instantanément tués par le retrait de ces appareils, ou même par la blessure de parties mineures de ceux-ci ; Les organisations *sociales* les plus avancées et les plus compliquées sont encore plus facilement détruites .

La première question est : quelles doivent être les méthodes scientifiques qui élimineront les diverses opinions et croyances d'une analyse des faits et garantiront des déductions correctes basées sur ces dernières ? Un bref aperçu des faits concernant la civilisation aidera à montrer la voie.

L'humanité, à son berceau, n'avait pas de science ; il n'avait que les facultés d'observation et de spéculation. Au début, il y avait beaucoup de réflexions spéculatives, mais sans fondement factuel suffisant. La théologie et la philosophie prospérèrent ; leurs spéculations étaient souvent très habiles, mais toutes leurs notions primitives sur les faits, comme la structure du ciel , la forme de la terre, les principes mécaniques, les phénomènes météorologiques ou physiologiques, étaient presque toutes fausses.

Qu'est-ce que l'histoire ? Quelle est sa signification pour l'humanité ? Le Dr JH Robinson nous donne une réponse précise : « La dépendance abjecte de l'homme à l'égard du passé engendre la continuité de l'histoire. Nos convictions, opinions, préjugés, goûts intellectuels ; nos connaissances, nos méthodes d'apprentissage et de recherche d'informations, nous les devons, à de légères exceptions près, au passé – souvent à un passé lointain. L'histoire est une expansion de la mémoire et, comme la mémoire, elle seule peut expliquer le présent et c'est là que réside sa valeur la plus indubitable. [2]

Le sauvage considère tout phénomène ou groupe de phénomènes frappant comme causé par un agent personnel, et depuis la plus haute antiquité, le mode de pensée n'a changé qu'à mesure que les relations entre les phénomènes ont été établies. [3]

La nature humaine se demandait toujours « pourquoi » ? et ne pouvant pas répondre pourquoi, ils ont trouvé leur réponse à travers un autre facteur « qui ». L'inconnu s'appelait Dieux ou Dieu. Mais avec les progrès de la science, le « pourquoi » est devenu de plus en plus évident, et la question est devenue « comment ». Dès les premiers jours de l'humanité, la théologie dogmatique, le droit, l'éthique et la science à ses débuts étaient le monopole d'une seule classe et la source de son pouvoir. [4]

Les premières à briser ce pouvoir furent les sciences exactes. Ils ont progressé trop rapidement pour être liés et limités par d'anciens écrits et préjugés obscurs ; la vie et les réalités étaient leur domaine. La science a balayé tout sophisme et est devenue une réalité. L'éthique est un facteur de civilisation trop fondamentalement important pour dépendre d'une excuse théologique ou juridique ; l'éthique doit se conformer aux lois *naturelles de la nature* humaine .

Les lois, les idées juridiques datent du début de la civilisation. La spéculation juridique s'est merveilleusement développée parallèlement à la théologie et à la philosophie avant l'existence des sciences naturelles et exactes. La loi a toujours été faite par quelques-uns et en général dans le but de préserver «

l'ordre existant », ou pour le rétablissement de l'ordre ancien et la punition des contrevenants.

La théologie dogmatique est, par nature, immuable. On peut en dire autant de l'esprit de la loi. Le droit était et est destiné à protéger le statut passé et présent de la société et, par essence même, doit être très conservateur, voire réactionnaire. La théologie et le droit sont tous deux statiques par nature. [5]

La philosophie, le droit et l'éthique, pour être efficaces dans un monde dynamique, doivent être dynamiques ; ils doivent devenir suffisamment vitaux pour suivre le rythme des progrès de la vie et de la science. Dans la civilisation récente, l'éthique, parce que contrôlée par la théologie et le droit, qui sont statiques, ne pouvait pas influencer comme il se doit le progrès dynamique et révolutionnaire de la technique et les conditions de vie en constante évolution ; et c'est ainsi que nous assistons à un énorme déclin de la moralité en politique et dans les affaires. La vie progresse plus vite que nos idées, c'est pourquoi les idées, les méthodes et les jugements médiévaux sont constamment appliqués aux conditions et aux problèmes de la vie moderne. Cette divergence entre les faits et les idées est en grande partie responsable de la division de la société moderne en différentes classes belligérantes qui ne se comprennent pas. Le légalisme médiéval et la morale médiévale – la base de l'ancienne structure *sociale* – étant par nature conservateurs, réactionnaires, opposés au changement et devenant ainsi de plus en plus incapables de supporter le puissant fardeau social du monde moderne, doivent être jugés responsables d'une manière responsable. en grande partie pour les circonstances qui ont rendu la guerre mondiale inévitable.

Sous l'éclair des explosifs, certains des mécanismes de ces idées désuètes ont été exposés ou écrasés. La guerre mondiale a profondément modifié les conditions économiques et a rendu nécessaire l'instauration de nouveaux standards de valeurs. Nous sommes obligés de réaliser que l'évolution par transformation est un processus cosmique et que la réaction, même si elle peut le retarder, ne peut pas l'arrêter complètement. [6]

L'idée selon laquelle les espèces organiques sont le résultat d'une création spéciale n'a aucune norme scientifique. Il n'y a pas un seul fait tendant à prouver une création spéciale ou séparée ; les preuves, qui sont accablantes, sont toutes de l'autre côté. L'hypothèse d'une création spéciale n'est qu'un simple fossile du passé. L'évolution est la seule théorie qui soit en harmonie avec les faits et avec toutes les branches de la science : la vie est dynamique et non statique.

La philosophie, telle que définie par Fichte, est la « science des sciences ». Son objectif était de résoudre les problèmes du monde. Dans le passé, lorsque toutes les sciences exactes en étaient à leurs balbutiements, la philosophie devait être purement spéculative, avec peu ou pas de considération pour les réalités. Mais si nous considérons la philosophie comme une science mère, divisée en plusieurs branches, nous constatons que ces branches sont devenues si vastes et si diverses que la science mère ressemble à une poule avec ses petits canetons pagayant dans un étang, bien hors de sa portée ; elle est incapable de suivre ses nouveau-nés en pleine croissance. Pendant ce temps, les progrès de la vie et de la science continuent, indépendamment des ricanements de la métaphysique. La philosophie ne remplit pas son objectif initial de rapprocher les résultats des sciences expérimentales et exactes et de résoudre les problèmes mondiaux. Grâce à une spécialisation scientifique sans fin, les branches scientifiques se multiplient et, faute de coordination, les grands problèmes mondiaux souffrent. Cet échec de la philosophie à remplir sa mission tant vantée de coordination scientifique est responsable du chaos qui règne dans le monde de la pensée générale. Le monde n'a pas d'idéaux et d'objectifs supérieurs, collectifs ou organisés, ni même d'objectifs généraux fixes. La vie est un jeu accidentel d'ambitions et de cupidités privées ou collectives. [1]

L'étude systématique des phénomènes chimiques et physiques est pratiquée depuis de nombreuses générations et ces deux sciences comprennent désormais : (1) la connaissance d'un nombre énorme de faits ; (2) un vaste ensemble de lois naturelles ; (3) de nombreuses hypothèses de travail fertiles concernant les causes et les régularités des phénomènes naturels ; et enfin (4) de nombreuses théories utiles susceptibles d'être corrigées par des tests plus approfondis des hypothèses qui les ont suscitées. Lorsqu'un sujet est considéré comme une science, il est entendu qu'il inclut toutes les parties mentionnées ci-dessus . Les faits seuls ne constituent pas une science, pas plus qu'un tas de pierres ne constitue une maison, pas plus que les faits et les lois seuls ; il faut qu'il y ait des faits, des hypothèses, des théories et des lois pour que le sujet puisse prétendre au rang de science.

La fonction première d'une science est de permettre d'anticiper l'avenir dans le domaine auquel elle se rapporte. Jugée selon ce critère, ni la philosophie ni ses semblables – les soi-disant sciences sociales – n'ont été très efficaces dans le passé. Il n'y eut, par exemple, aucun avertissement officiel de l'imminence de la guerre mondiale – la plus grande des catastrophes. L'avenir n'a pas été anticipé parce que les philosophes politiques ne possédaient pas les bases de connaissances nécessaires. Pour être juste, nous devons admettre que la philosophie n'a reçu que peu d'aide financière parce qu'elle est généralement considérée comme inutile. Les branches techniques de la science ont été fortement soutenues et généralement soutenues par ceux à qui elles ont apporté un profit direct ; ils ont ainsi eu de meilleures opportunités de développement .

L'éthique, sous l'emprise étouffante du mythe et du légalisme, n'est pas suffisamment convaincante pour exercer une influence déterminante. Telle est la situation dans laquelle nous nous trouvons. Étant encore dans notre enfance et pensant comme des sauvages, nous considérions la guerre mondiale comme une création personnelle d'un « seigneur de la guerre », parce que ceux qui s'y intéressaient nous le disaient. Nous avons négligé d'utiliser notre bon sens et d'approfondir ses origines ; accomplir pour nous-mêmes le devoir que la philosophie politique n'a pas accompli pour nous : le devoir de penser en termes de faits et non en termes de spéculations métaphysiques. La connaissance des faits nous aurait dit que les seigneurs de la guerre n'étaient que les représentants des classes dirigeantes. Un système d' ordre social et économique construit exclusivement sur l'égoïsme, la cupidité, la « survie du plus fort » et une concurrence impitoyable doit cesser d'exister, ou exister au moyen de la guerre. Les représentants de ce système ont décidé de continuer à exister, ce qui a entraîné la guerre. Les classes dirigeantes ont poussé tout le système dans lequel elles vivaient jusqu'à sa conclusion logique et son objectif naturel, qui est « prenez ce que vous pouvez ». Cette devise n'est particulière à aucun pays ; c'est la devise de toute notre civilisation et c'est le résultat inévitable de notre stupide philosophie concernant la nature caractéristique de l'homme et les potentialités propres de la vie humaine. Où trouver les vraies doctrines ? Où est la vraie philosophie ? Si nous retraçons l'histoire de la civilisation, nous constatons que dans toutes les « sciences », à l'exception des sciences exactes, les opinions et les théories privées ont façonné nos croyances, coloré nos processus mentaux et contrôlé notre destin ; on voit, par exemple, le pessimisme opposé à l'optimisme, le matérialisme au spiritualisme, le réalisme à l'idéalisme, le capitalisme au socialisme, et ainsi de suite sans fin. Chacun des systèmes controversés compte un grand nombre d'adeptes et chaque faction considère les autres comme dépourvues de vérité, de bon sens et de connaissance. Tous jouent avec les mots « loi naturelle » qu'ils prétendent, par ignorance, avoir comme base et contenu de leur propre doctrine particulière.

Il en est de même dans le domaine des religions ; il y a environ 291 millions de confucianistes, ou taoïstes, 261 millions de catholiques romains, 211 millions de musulmans, 209 millions d'hindous, 177 millions de protestants, 157 millions d'animistes, 137 millions de bouddhistes, 115 millions de chrétiens orthodoxes, pour ne parler que des religions les plus importantes. Chaque groupe, et ce sont des groupes assez nombreux, croit que sa théorie ou sa foi est infaillible et que toutes les autres sont fausses.

Bacon semble un peu lointain, mais les idoles et les fétiches médiévaux qu'il décrit si magistralement sont aujourd'hui également vénérés.

(*Novum Organum* , de Francis Bacon.)

34. « Quatre espèces d'idoles assaillent l'esprit humain, auxquelles (par souci de distinction) nous avons attribué des noms, appelant les premières idoles de la tribu, les deuxièmes idoles de la tanière, les troisièmes idoles du marché, les quatrièmes idoles de théâtre.

40. « L'information des notions et des axiomes sur le fondement de la véritable induction est le seul remède approprié par lequel nous pouvons conjurer et expulser ces idoles. Il est cependant très utile de les signaler ; car la doctrine des idoles a le même rapport à l'interprétation de la nature que celle de la réfutation des sophismes à la logique commune.

41. « Les idoles de la tribu sont inhérentes à la nature humaine et à la tribu ou race humaine elle-même ; car on prétend à tort que le sens de l'homme est la norme des choses ; au contraire, toutes les perceptions des sens et de l'esprit se réfèrent à l'homme et non à l'Univers, et l'esprit humain ressemble à ces miroirs inégaux qui confèrent leurs propres propriétés aux différents objets, d'où les rayons sont émis et déforment et défigurent. eux.

42. « Les idoles de la tanière sont celles de chaque individu ; car chacun (en plus des erreurs communes à la race humaine) a son propre repaire ou caverne individuel, qui intercepte et corrompt la lumière de la nature, soit à cause de sa disposition particulière et singulière, soit à cause de son éducation et de ses relations avec les autres, ou de ses lectures, et de l'autorité acquise par ceux qu'il révère et admire, ou des différentes impressions produites sur l'esprit, selon qu'il se trouve préoccupé et prédisposé, ou égal et tranquille, et ainsi de suite ; de sorte que l'esprit de l'homme (selon ses diverses dispositions) est variable, confus et, pour ainsi dire, actionné par le hasard ; et Héraclite a bien dit que les hommes recherchent la connaissance dans les

mondes inférieurs, et non dans le monde plus grand ou commun.

43. « Il y a aussi des idoles formées par les relations réciproques et la société d'homme avec homme, que nous appelons idoles du marché, à partir du commerce et de l'association des hommes les uns avec les autres ; car les hommes conversent au moyen du langage, mais les mots sont formés au gré de la volonté de la généralité, et il naît d'une formation de mots mauvaise et inappropriée une merveilleuse obstruction pour l'esprit. Les définitions et les explications avec lesquelles les savants ont coutume de se protéger dans certains cas ne peuvent pas non plus apporter un remède complet : les mots forcent encore manifestement l'entendement, jettent tout dans la confusion et conduisent l'humanité dans de vaines et innombrables controverses et erreurs.

44. « Enfin, il y a des idoles qui se sont glissées dans l'esprit des hommes à partir des divers dogmes des systèmes particuliers de philosophie, et aussi des règles perverties de la démonstration, et nous les appelons idoles du théâtre : car nous considérons tous les systèmes de philosophie jusqu'alors reçues ou imaginées, comme tant de pièces mises en scène et jouées, créant des univers fictifs et théâtraux. Nous ne parlons pas non plus seulement des systèmes actuels, ni de la philosophie et des sectes des anciens, puisque de nombreuses autres pièces de même nature peuvent encore être composées et mises en accord les unes avec les autres, les causes des erreurs les plus opposées étant généralement la même. Encore une fois , nous ne faisons pas simplement allusion aux systèmes généraux, mais aussi à de nombreux éléments et axiomes des sciences devenus invétérés par la tradition, la crédibilité implicite et la négligence. [8]

La spéculation métaphysique et sa progéniture grouillante de philosophies politiques aveugles et égoïstes, d'opinions privées, de « vérités » et de doctrines privées, d'opinions sectaires, de « vérités » sectaires et de doctrines sectaires, grincheuses, confuses et aveugles – telle est la caractéristique de l' *enfance* de l'humanité. . La période de l'humanité *sera* , je n'en doute pas, une période scientifique – une période qui verra l'extension progressive de la méthode scientifique à tous les intérêts de l'humanité – une période au cours de laquelle l'homme découvrira la nature essentielle de l'homme et établira, à tout moment. longueur, la science et l'art de diriger les énergies et les capacités humaines vers l'avancement du bien-être humain conformément aux lois de la nature humaine.

Chapitre III
Classes de vie

Les problèmes à traiter dans ce chapitre ne sont pas faciles, mais ils sont extrêmement importants. Pour classer correctement les phénomènes, ils doivent être correctement analysés et clairement définis. Par souci de clarté , j'utiliserai les illustrations les plus simples et, évitant autant que possible les difficultés des termes techniques, j'utiliserai un langage facile à comprendre par tous . Dans certains cas , les mots auront effectivement un sens technique et il faudra faire preuve d'une grande prudence pour éviter de donner de fausses impressions ; car des idées claires sont essentielles à une pensée saine. En fait, notre langage quotidien commun est mal adapté à l'expression précise de la pensée ; même le langage dit « scientifique » est souvent trop vague pour cet objectif et nécessite d'être affiné davantage. Certains diront peut-être qu'il est inutile et inutile d'accorder autant d'importance à la pensée correcte et à l'expression précise ; qu'il n'a aucune valeur pratique ; car ils disent que le langage « commercial » est assez bon pour « parler affaires » ou pour mettre « quelque chose au-dessus » de l'autre personne. Mais une petite explication montrera que la précision est souvent de la plus haute importance.

L'humanité est une classe particulière de vie qui, dans une certaine mesure, détermine ses propres destinées ; c'est pourquoi, dans la vie pratique, *les mots* et *les idées* deviennent *des faits* , des faits qui entraînent d'importantes conséquences pratiques. Par exemple, plusieurs millions d'êtres humains ont défini un coup de foudre comme étant le « châtiment de Dieu » des hommes méchants ; d'autres millions l'ont défini comme un « phénomène naturel, accidentel et périodique » ; Pourtant, des millions d'autres l'ont défini comme une « étincelle électrique ». Quel a été le résultat de ces définitions « sans importance » dans la vie pratique ? Dans le cas de la première définition, lorsque la foudre frappait une maison, la population ne faisait naturellement aucune tentative pour sauver la maison ou ce qui s'y trouvait, car cela irait à l'encontre de la « définition » qui proclame le phénomène comme une « punition pour mal », toute tentative d'empêcher ou d'arrêter la destruction serait un acte impie ; le pécheur serait coupable de « résistance à la loi suprême » et mériterait d'être puni de mort.

Or, dans le second cas, un bâtiment sinistré est traité comme n'importe quel arbre renversé par la tempête ; les gens économisent ce qu'ils peuvent et tentent d'éteindre l'incendie. Dans les deux cas, le comportement de la population est le même sur un point ; s'ils sont pris en pleine tempête par une tempête, ils se réfugient sous un arbre, moyen de sécurité qui comporte un danger maximum mais dont les gens ne le savent pas.

Dans le troisième cas, où la population a une définition scientifiquement correcte de la foudre, elle équipe ses maisons de paratonnerres ; et s'ils sont surpris par une tempête en pleine nature , ils ne courent ni ne se cachent sous un arbre ; mais lorsque la tempête est directement au-dessus de leurs têtes, ils se mettent dans une position d'exposition minimale en s'allongeant à plat sur le sol jusqu'à ce que la tempête soit passée.

De tels exemples pourraient être donnés sans fin, mais il existe un autre exemple d'une importance vitale suffisante à donner ici, car il a à voir avec notre conception du système social et économique et de l'État. Si nos institutions sont considérées comme « données par Dieu » – sacrées et donc statiques – tout réformateur ou défenseur du changement devrait être traité comme un criminel ou « un danger pour l'ordre existant » et pendu ou au moins mis en prison à vie. Mais maintenant, si nos institutions sont « faites par l'homme », imparfaites et souvent stupides, et sujettes à des changements constants et dynamiques en obéissance à une loi connue ou inconnue ; alors bien sûr, tous les réactionnaires constitueraient un « danger pour l'ordre naturel » et devraient être traités de la même manière. L'importance des définitions se voit dans tous les autres domaines de la vie pratique ; les définitions créent des conditions. Pour connaître le monde dans lequel nous vivons, nous devons analyser les faits à l'aide de ceux que nous connaissons dans la pratique quotidienne et de ceux qui sont établis dans des laboratoires scientifiques où les hommes ne tirent pas de conclusions hâtives. Dans certains endroits, il sera nécessaire de faire des déclarations qui devront attendre une justification complète à un stade ultérieur du débat. Cela sera nécessaire pour indiquer la tendance de l'analyse.

Le but de l'analyse est de nous donner des conceptions justes, des définitions correctes et des propositions vraies. Le processus est lent, progressif et sans fin. Les problèmes sont infinis et il faut sélectionner. Heureusement, la solution de quelques-uns conduit automatiquement à la solution de beaucoup d'autres. Certaines des découvertes scientifiques les plus grandes et les plus ambitieuses n'ont été rien d'autre que quelques définitions correctes, quelques concepts justes et quelques propositions vraies. Tel fut, par exemple, l'œuvre d'Euclide, de Newton et de Leibnitz : quelques définitions correctes, quelques concepts justes, quelques propositions vraies ; mais celles-ci ont été étendues et multipliées, parfois par des hommes de génie créateur, et souvent presque automatiquement par des hommes simplement doués de bon sens et de beau talent.

La question de la définition, je l'ai dit, est très importante. Je ne parle pas ici de définitions *nominales* , qui, par commodité, se contentent de donner des noms à des objets connus. Je parle de définitions de phénomènes qui résultent d'une analyse correcte des phénomènes. Les définitions nominales ne sont que des commodités et ne sont ni vraies ni fausses ; mais les définitions analytiques sont *des propositions définitives* et sont vraies ou fausses. Arrêtons-nous un peu plus sur le sujet.

Dans l'illustration des définitions de la foudre, il y en avait trois ; la première était la plus erronée et son application causait le plus de tort ; la seconde était moins incorrecte et les résultats pratiques moins mauvais ; la troisième, dans les conditions actuelles de nos connaissances, était la « vraie » et elle apportait le maximum de bénéfice. Cette illustration éclair suggère l'idée importante de vérité *relative* et de mensonge *relatif*, c'est-à-dire l'idée de degrés de vérité et de degrés de mensonge. Une définition ne peut être ni absolument vraie ni absolument fausse ; mais de deux définitions de la même chose, l'une peut être plus vraie ou plus fausse que l'autre.

Si, à titre d'illustration, nous appelons la première « vérité » A , (alpha 1), le deuxième A^2 (alpha 2), le troisième A^3 (alpha 3), on peut supposer qu'apparaît un génie qui a la faculté de surpasser toutes les autres vérités relatives A^1, A^2, A^3, ... A^n et nous donne une vérité absolue ou finale, VALABLE DANS L'INFINI (A^{infini}) disons une définition finale, que la foudre est ainsi... et ainsi..., une sorte d'énergie qui circule, disons, à travers un tube de verre rempli de charbon de bois. Bien entendu, cette définition rendrait immédiatement évident l'usage qui pourrait en être fait. Nous pourrions ériger des tours de verre remplies de charbon de bois et garantir ainsi un flux illimité d'énergie gratuite disponible et notre vie entière en serait affectée à un degré incalculable. Cet exemple explique l'importance de définitions correctes.

Mais pour prendre un autre exemple : il existe un phénomène appelé « couleur » rouge. Imaginez comment cela pourrait être défini. Un réactionnaire le qualifierait de « bolchevique » (A^1) ; un bolchevik dirait « Ma couleur » (A^2) ; une personne daltonienne dirait « une telle chose n'existe pas » (A^3) ; un daltoniste dirait « ça, c'est vert » (A^4) ; un métaphysicien dirait « c'est ça l'âme du whisky » (A^5) ; un historien dirait « c'est la couleur de l'encre avec laquelle l'histoire humaine a été écrite » (A^6) ; une personne sans instruction dirait « c'est la couleur du sang » (A^7) ; le scientifique moderne dirait « c'est la lumière de telle ou telle longueur d'onde » (A^8). Si cette dernière définition est « valable à l'infini » ou non, nous ne le savons pas, mais elle constitue néanmoins une « vérité scientifique » dans l'état actuel de nos connaissances.

Cette « vérité valable à l'infini » finale mais inconnue est en quelque sorte perçue ou ressentie par nous comme un idéal, car au cours d'innombrables années d'observation, nous avons formé une série d '« idées » de moins en moins fausses, de plus en plus vraies sur le phénomène. Les « idées » sont *des reflets* du phénomène, qui se reflètent parmi nous comme dans un miroir ; les réflexes peuvent être déformés, comme dans un miroir convexe ou concave, mais ils suggèrent un réflexe idéal valable à l'infini. Il est de la plus haute importance de réaliser que les mots utilisés pour exprimer les idées et les idéaux sont LA MATÉRIALISATION des idées et de l'idéal ; ce n'est que par des mots que nous pouvons donner aux autres êtres humains une impression exacte ou presque exacte que nous avons eue du phénomène.

Il peut être utile d'illustrer ce processus par un exemple. Supposons qu'un homme fasse l'expérience de faire son propre portrait à partir d'un miroir, qui peut être plan, concave ou convexe. S'il regarde dans un miroir plan, il verra sa véritable image ; même ainsi, s'il est un mauvais dessinateur, il dessinera mal le portrait. Supposons que l'homme ait de beaux traits, mais comme le dessin est très pauvre, il ne donnera pas l'impression que les traits de l'original étaient beaux. Si ce pauvre dessinateur regardait et travaillait à partir d'un miroir concave ou convexe, le dessin de son image n'aurait pratiquement aucune ressemblance avec ses traits originaux.

Pour une analyse correcte et de véritables définitions des classes cardinales de la vie dans notre monde, il est nécessaire d'avoir quelques idées justes sur les dimensions ou la dimensionnalité. Le Britannica nous apporte une certaine aide à cet égard. Je vais expliquer brièvement par un exemple. Des entités mesurables de différents types ne peuvent pas être comparées directement. Chacun doit être mesuré en fonction d'une unité qui lui est propre. Une ligne ne peut avoir que de la longueur et est donc à une dimension : une surface a une longueur et une largeur et est donc dite à deux dimensions ; un volume a une longueur, une largeur et une épaisseur et est donc dit avoir trois dimensions. Si nous prenons, par exemple, un volume – disons un cube – nous voyons que le cube a des surfaces, des lignes et des points, mais un volume n'est ni une surface, ni une ligne, ni un point. Or, ces différences dimensionnelles ont une énorme importance non réalisée dans la vie pratique, car si l'on prend une ligne de cinq unités de longueur et qu'on construit dessus un carré, la mesure de ce carré (surface) ne sera pas 5, elle sera 25. ; et les 25 ne seront pas 25 unités linéaires mais 25 unités carrées ou surfaciques. Si sur ce carré on bâtit un cube, ce cube n'aura ni 5 ni 25 pour mesure ; il en aura 125, et ce nombre ne sera pas tant d'unités de longueur ni de surface mais autant d'unités solides ou cubiques.

Il est clair comme un bâton que si nous confondions *les dimensions* en calculant les longueurs, les surfaces et les volumes, nous détruireions toutes les structures architecturales et techniques du monde, et en même temps nous montrerions plus stupides que des imbéciles.

Pour analyser les classes de la vie, nous devons considérer deux sortes de phénomènes très différents : l'un embrassé sous le nom collectif de chimie inorganique, l'autre sous le nom collectif de chimie organique ou chimie des hydrocarbures. Ces divisions sont faites en raison des propriétés particulières des éléments principalement impliqués dans la seconde classe. Les propriétés de la matière sont tellement réparties entre les éléments que trois d'entre eux – l'oxygène, l'hydrogène et le carbone – possèdent un ensemble de caractéristiques uniques. Le nombre de réactions en chimie inorganique est relativement faible, mais en chimie organique, dans la chimie de ces trois éléments, le nombre de composés différents est pratiquement illimité. Jusqu'en 1910, nous connaissions plus de 79 éléments dont le nombre total de réactions ne s'élevait qu'à quelques centaines, mais parmi les trois éléments restants - le carbone, l'hydrogène et l'oxygène - les réactions étaient connues pour être pratiquement illimitées en nombre et en possibilités. ; ce fait doit avoir des conséquences très importantes . En ce qui concerne les énergies, il faut les prendre telles que la nature nous les révèle. Ici plus que jamais, la pensée mathématique est essentielle et va énormément aider. Les réactions en chimie inorganique impliquent toujours des phénomènes de chaleur, parfois de lumière, et dans certains cas, une énergie inhabituelle est produite appelée électricité. Jusqu'à présent, les éléments radioactifs représentent un groupe trop insuffisamment connu pour un développement ici sur ce sujet.

Les composés organiques étant illimités en nombre et en possibilités et avec leurs caractéristiques uniques, représentent bien sûr une classe différente de phénomènes, mais étant en même temps *chimiques* , ils incluent les phénomènes chimiques de base impliqués dans toutes les réactions chimiques, mais étant uniques en leur genre. à bien d'autres égards, ils possèdent aussi un champ infiniment vaste de caractéristiques uniques. Parmi les phénomènes énergétiques de la chimie organique, outre les quelques phénomènes mentionnés ci-dessus, il existe des phénomènes énergétiques NOUVEAUX ET UNIQUES qui se produisent dans cette dimension.

Parmi ces phénomènes, on peut citer le phénomène de la « vie », le phénomène des « instincts » et de « l'esprit » en général. Ces phénomènes énergétiques sont uniques en raison de la chimie unique des trois éléments uniques. Il est évident que cette « unicité » est la raison pour laquelle ces phénomènes doivent être classés comme appartenant ou ayant une dimensionnalité supérieure à celle des phénomènes de chimie inorganique, tout comme l'unicité des propriétés d'un volume par rapport aux propriétés de surface dépend de le fait qu'un volume a une dimensionnalité plus élevée qu'une surface. De même que cette différence de dimensions fait toute la différence entre la géométrie des volumes et la géométrie des surfaces, la différence entre les deux chimies implique une différence de dimensionnalité.

Les énergies supérieures des chimies de dimensionnalité supérieure sont très difficiles à définir ; mes descriptions ne valent pas mieux que la description de la vie donnée par le professeur Wilhelm Roux, dans son *Der Kampf der Teile je suis Organismus* , Leipzig, 1881, qui sont également insatisfaisants. Envie de mieux, je le cite. Il définit un être vivant comme un objet naturel qui possède les neuf activités autonomes caractéristiques suivantes : Changement autonome, Excrétion autonome, Ingestion autonome, Assimilation autonome, Croissance autonome, Mouvement autonome, Multiplication autonome, Transmission autonome de caractéristiques héréditaires et Développement autonome. Les mots « Activités autonomes » sont importants car ils font allusion aux différences dimensionnelles de ces énergies. Mais il faudrait trouver un meilleur mot pour définir les différences dimensionnelles entre les activités trouvées en chimie inorganique et celles trouvées en chimie organique. Nous voyons que c'est une erreur de parler de « vie » dans un cristal, dans le même sens où nous utilisons le mot vie pour désigner le curieux phénomène AUTONOME de LA CHIMIE ORGANIQUE, QUI EST D'UNE AUTRE DIMENSION que les activités de la chimie inorganique. Pour la soi-disant vie dans les cristaux – le *non* activités AUTONOMES (ou anautonomes) des cristaux – il faudrait trouver un autre mot que vie. Dans la théorie des cristaux, le terme vie est purement rhétorique : son emploi est très préjudiciable à la saine science. Ces vieilles idées de « vie » dans les cristaux sont profondément non scientifiques et constituent l'un des meilleurs exemples de confusion ou de mélange fréquent de dimensions – une confusion due à des façons de penser non mathématiques et logiquement incorrectes. Si les cristaux « vivent », alors *les volumes sont des surfaces* , et 125 unités cubes = 25 unités carrées – absurdités appartenant à « l'enfance de l'humanité ».

> « Les cristaux peuvent se développer dans une solution appropriée et régénérer leur forme dans une telle solution lorsqu'ils sont brisés ou blessés ; il est même possible d'empêcher ou de retarder la formation de cristaux dans une solution sursaturée en empêchant les « germes » présents dans l'air de pénétrer dans la solution, observation qui fut ensuite utilisée par Schroeder et Pasteur dans leurs expériences sur la génération spontanée. Cependant, les analogies entre un organisme vivant et un cristal ne sont que superficielles et c'est en soulignant les différences fondamentales entre le comportement des cristaux et celui des

organismes vivants que l'on peut mieux comprendre la différence spécifique entre matière vivante et non vivante. Il est vrai qu'un cristal peut croître, mais il ne le fera que dans une solution sursaturée de sa propre substance. L'inverse est vrai pour les organismes vivants. Pour faire croître les bactéries ou les cellules de notre corps, il faut que les solutions des produits clivés des substances qui les composent, et non les substances elles-mêmes, soient disponibles pour les cellules ; deuxièmement, ces solutions ne doivent pas être sursaturées, au contraire, elles doivent être diluées ; et troisièmement, la croissance conduit chez les organismes vivants à la division cellulaire dès que la masse de la cellule atteint une certaine limite. Ce processus de division cellulaire ne peut pas être prétendu, même métaphoriquement, exister dans un cristal. Une appréciation correcte de ces faits nous donnera un aperçu de la différence spécifique entre la matière non vivante et la matière vivante. La formation de matière vivante consiste en la synthèse des protéines, nucléines , graisses et glucides des cellules, à partir de produits fractionnés....

« La différence essentielle entre matière vivante et non vivante consiste donc en ceci : la cellule vivante synthétise sa propre matière spécifique complexe à partir de composés simples indifférents ou non spécifiques du milieu environnant, tandis que le cristal ajoute simplement les molécules trouvées dans sa solution sursaturée. . Ce pouvoir synthétique de transformer de petites « pierres de construction » en composés complexes spécifiques à chaque organisme est le « secret de la vie », ou plutôt l'un des secrets de la vie. (*L'organisme dans son ensemble* , de Jacques Loeb.)

Il sera expliqué plus tard que l'un des phénomènes énergétiques de la chimie organique – « l'esprit », qui est l'une des énergies caractéristiques de cette classe de phénomènes, est « autonome », « automoteur » et fidèle à sa dimensionnalité. Si nous analysons les classes de la vie, nous constatons facilement qu'il existe trois classes cardinales dont la fonction est radicalement distincte. Une brève analyse nous révélera que, bien que les minéraux aient diverses activités, ils ne sont pas « vivants ». Les plantes ont une fonction très précise et bien connue : la transformation de l'énergie solaire en énergie chimique organique. Ils constituent une classe de vie qui s'approprie un type d'énergie, la convertit en un autre type et la stocke ; en ce sens, ils constituent une sorte de batterie de stockage pour l'énergie solaire ; et c'est pourquoi je définis LES PLANTES COMME LA CLASSE DE VIE LIÉE À LA CHIMIE .

Les animaux utilisent les produits hautement dynamiques de la classe *de liaison chimique* – les plantes – comme nourriture, et ces produits – les résultats de la transformation des plantes – subissent chez les animaux une transformation ultérieure en des formes encore plus élevées ; et les animaux constituent en conséquence une classe de vie plus dynamique ; leur énergie est cinétique ; ils ont une liberté et une puissance remarquables que les plantes ne possèdent pas, je veux dire la liberté et la faculté de se déplacer dans *l'espace* ; et c'est pourquoi je définis LES ANIMAUX COMME LA CLASSE DE VIE QUI SE LIE À L'ESPACE .

Et maintenant, que dirons-nous des êtres *humains* ? Quelle doit être notre définition de l'Homme ? Comme les animaux, les êtres humains possèdent certes la capacité *de relier l'espace,* mais, au-delà de cela, les êtres humains possèdent une capacité des plus remarquables qui leur est entièrement propre – je veux dire la capacité de résumer , de digérer et de s'approprier les travaux et les expériences des êtres vivants. le passé; Je veux dire la capacité d'utiliser les fruits des travaux et des expériences passées comme capital intellectuel ou spirituel pour les développements du présent ; Je veux dire la capacité d'utiliser comme instruments de puissance croissante les réalisations accumulées des vies toutes précieuses des générations passées passées dans des essais et des erreurs, des essais et des succès ; Je veux dire la capacité des êtres humains à mener leur vie à la lumière toujours croissante de la sagesse héritée ; Je veux dire la capacité en vertu de laquelle l'homme est à la fois l'héritier des âges révolus et le dépositaire de la postérité. Et parce que l'humanité n'est que ce magnifique agent naturel par lequel le passé vit dans le présent et le présent dans le futur, je définis L'HUMANITÉ , dans le langage universel des mathématiques et de la mécanique, comme étant la CLASSE DE LA VIE QUI LIE LE TEMPS .

Ces définitions des classes cardinales de la vie sont, notons-le, obtenues par observation directe ; ils sont si simples et si importants que je ne saurais trop insister sur la nécessité de les saisir et plus particulièrement sur la définition de l'Homme. Car ces définitions simples et surtout celle de l'Humanité transformeront profondément toute la conception de la vie humaine dans tous les domaines d'intérêt et d'activité ; et, ce qui est plus important que tout, la définition de l'Homme nous donnera un point de départ pour découvrir les lois *naturelles* de la nature humaine – de la classe humaine de la vie. Les définitions des classes de vie représentent les différentes classes comme étant distinctes en termes de dimensionnalité ; et cela est extrêmement important, car aucune mesure ou règle d'une classe ne peut être appliquée à l'autre *sans commettre de graves erreurs* . Par exemple, traiter un être humain comme un animal – comme un simple liant d'espace – parce que les humains ont certaines propensions animales, est une erreur du même type et de la même grossièreté que de traiter un cube comme une surface parce qu'il a des propriétés de surface. Il est absolument essentiel de comprendre ce fait si nous voulons un jour avoir une science de la nature humaine.

Nous pouvons représenter les différentes classes de vie en trois coordonnées de vie. Les minéraux, avec leurs activités inorganiques, constitueraient la dimension Zéro (0) de la « vie » — c'est-à-dire la classe *sans vie* — *représentée ici par le point M* .

Les plantes, avec leur croissance « autonome » , seront représentées par la ligne UNIDIMENSIONNELLE *MP* .

Les animaux, avec leur capacité « autonome » à grandir et à être actifs dans l'espace par le plan BIDIMENSIONNEL *PAM* .

Les humains, avec leur capacité « autonome » à grandir, à être actifs dans l'espace ET À ÊTRE ACTIFS DANS LE TEMPS , par la région TRIDIMENSIONNELLE *MAPH* .

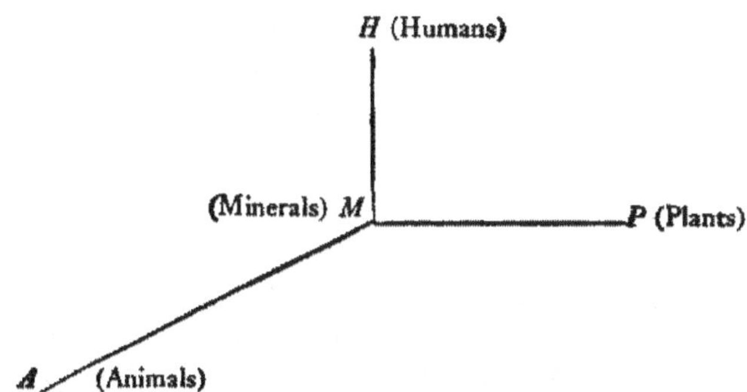

De telles illustrations schématiques ne doivent pas être prises trop littéralement ; ce sont comme des figures de style : utiles si elles sont comprises, nuisibles si elles ne sont pas comprises. Le lecteur devrait réfléchir sur la simple idée de dimensions jusqu'à ce qu'il voie clairement que cette idée n'est pas simplement une chose d'intérêt ou de commodité, mais qu'elle

est absolument essentielle comme moyen de distinguer les classes cardinales de la vie les unes des autres et de concevoir chaque classe. être ce qu'il est au lieu de le mélanger confusément avec quelque chose de radicalement différent. Cela aidera grandement le lecteur s'il se retire dans le calme de son cloître et y médite sur ce qui suit. Une ligne a une dimension ; un avion en a deux ; un plan contient des lignes et donc il a des propriétés de ligne - propriétés *unidimensionnelles* - mais il a d'autres propriétés - propriétés *bidimensionnelles* - et ce sont celles-ci qui lui sont particulières, lui donnent son caractère propre et font de lui ce qu'il est - un avion et non une ligne. Ainsi, les animaux ont certaines propriétés végétales – ils grandissent, par exemple – mais les animaux ont d'autres propriétés – la mobilité autonome, par exemple – des propriétés de dimensionnalité ou de type supérieur – et ce sont celles-ci qui font des animaux des animaux *et* non des plantes. De même, les êtres humains ont certaines propriétés animales – la mobilité autonome, par exemple, ou les appétits physiques – mais les humains ont d'autres propriétés ou propensions – le sens éthique, par exemple, le sens logique, l'inventivité, la progressivité – des propriétés ou des propensions de dimensionnalité, de niveau, de niveau supérieur, ou type – et ce sont ces propensions et ces pouvoirs qui font des êtres humains *des humains* et *non* des animaux. Quand et seulement quand ce fait sera clairement vu et pleinement réalisé, alors commencera la *science de l'homme* – la science et l'art de *la nature humaine* – car alors et alors seulement nous commencerons à échapper aux maux incommensurables et indicibles qui se produisent depuis des temps immémoriaux. considérant et traitant les êtres humains comme des animaux, comme de simples liants de l'espace, et nous pouvons nous attendre à une éthique, une jurisprudence et une économie, une gouvernance – une science et un art de la vie humaine et de la société – fondées sur les lois de la nature humaine parce que fondées sur la conception juste de l'humanité en tant que classe de vie limitée dans le temps, créatrice et amélioratrice du bien, destinée à un avancement sans fin, en accord avec les puissances de la nature humaine.
2

L'humanité est encore dans son enfance ; nous avons « limité » si peu de temps au cours des siècles, qui sont si brefs dans le schéma de l'univers. Au fond de chaque activité humaine, fait historique ou tendance de civilisation, se trouve une certaine doctrine ou conception de la soi-disant « vérité ». Les pommes tombaient des arbres depuis des lustres, mais sans aucun résultat important pour l'économie de l'humanité. Le fait qu'une pomme tombée ait heurté Newton a conduit à la découverte de la théorie de la gravitation ; cela a changé toute notre conception du monde, nos sciences et nos activités ; elle a puissamment stimulé le développement de toutes les branches de la connaissance naturelle et technologique. Même dans le cas où les lois newtoniennes s'avéraient inexactes, elles ont été d'une grande utilité en nous permettant de comprendre les phénomènes naturels d'une manière suffisamment approximative pour permettre de développer la technologie moderne et de développer notre science physique pour le point où il était nécessaire et possible de faire une correction des lois newtoniennes.

Un changement organique similaire dans notre conception de la vie humaine et de ses phénomènes est impliqué dans les définitions précédentes des classes de vie ; ils remplaceront les erreurs fondamentales par des vérités scientifiques d' importance fondamentale ; ils constitueront la base du développement scientifique d'une civilisation permanente à la place des soi-disant civilisations périodiquement convulsives du passé et du présent. Connaître la cause du mal et de l'erreur, c'est trouver le remède.

Chapitre IV
Qu'est-ce que l'homme ?

L'homme a toujours été le plus grand casse-tête pour l'homme. Il y a de nombreuses et importantes raisons à cela. Comme le sujet de ce livre n'est pas une étude théorique et académique de l'homme, dont trop de choses ont déjà été écrites, je n'en raconterai pas les raisons, mais me limiterai aux questions les plus urgentes de la tâche à accomplir, à savoir d'ouvrir la voie à la science et à l'art de l'ingénierie humaine. Les deux faits qu'il faut traiter en premier sont ceux qui ont le plus retardé le progrès humain : (1) il n'y a jamais eu de véritable définition de l'homme ni de conception juste de son rôle dans le curieux drame du monde ; en conséquence, il n'y a jamais eu de principe ou de point de départ approprié pour une science de l'humanité. On n'a jamais réalisé que l'homme est un être d'une dimension ou d'un type différent de celui des animaux et la nature caractéristique de l'homme n'a pas été comprise ; (2) l'homme a toujours été considéré soit comme un animal, soit comme un phénomène surnaturel. Les faits sont que l'homme n'est pas *surnaturel* mais fait littéralement partie de la nature et que les êtres humains ne sont pas des animaux. Nous avons vu que les animaux sont véritablement caractérisés par leur mobilité autonome – leur capacité à relier l'espace – les animaux sont des relieurs d'espace. Nous avons vu que les êtres humains se caractérisent par leur pouvoir créateur, par le pouvoir de faire vivre le passé dans le présent et le présent dans le futur, par leur capacité à lier le temps – les êtres humains sont des relieurs de temps. Ces concepts sont basiques et impersonnels ; arrivés mathématiquement, ils sont mathématiquement corrects.

Peu importe *comment* le premier homme, le premier relieur de temps, a été produit ; il n'en reste pas moins qu'il a été quelque part, produit d'une manière ou d'une autre. Pour connaître tout ce qui présente aujourd'hui un intérêt fondamental concernant l'homme, nous devons analyser l'homme selon trois coordonnées – selon trois capacités ; à savoir sa chimie, ses activités dans l'espace, et surtout ses activités dans le temps ; alors que dans l'étude des animaux, nous devons considérer seulement deux facteurs : leur chimie et leurs activités dans l'espace.

Imaginons que le spécimen humain aborigène-original soit l'un des deux singes frères, A et B ; ils étaient semblables à tous égards ; tous deux étaient des classeurs d'espace animaliers ; mais quelque chose d'étrange est arrivé à B ; il est devenu le premier relieur de temps, un humain. Quoi qu'il en soit, ce « quelque chose » a opéré en lui le changement qui l'a élevé vers une dimension supérieure ; il suffit que d'une certaine manière, à sa capacité animale de lier l'espace, se soit ajoutée la merveilleuse nouvelle capacité de lier le temps. Il avait donc une nouvelle faculté, il appartenait à une nouvelle dimension ; mais, bien sûr, il ne s'en rendait pas compte ; et grâce à cette nouvelle capacité, il a pu analyser son frère « A » ; il observa : « A est mon frère ; c'est un animal; mais c'est mon frère ; donc, *JE* SUIS UN ANIMAL . Cette première conclusion fatale, tirée d'une fausse analogie, en négligeant un fait, a été la principale source de malheur humain pendant un demi-million d'années et elle survit encore. La capacité de liaison temporelle, manifestée pour la première fois chez B , a augmenté de plus en plus, au fil des jours et de chaque génération, jusqu'à ce qu'au cours des siècles, l'homme se sente de plus en plus différent de l'animal, mais il ne pouvait pas l'expliquer. Il se dit : « Si je suis un animal, il y a aussi en moi quelque chose de plus élevé, une étincelle de quelque chose. *super* naturel.

Avec cette conclusion, il s'est éloigné de la nature et a formulé l'impasse qui l'a mis dans l'impasse d'une double vie. Il n'était ni fidèle au « surnaturel » qu'il ne pouvait pas connaître et, par conséquent, ne pouvait pas imiter, ni fidèle à « l'animal » qu'il méprisait. S'étant mis en dehors des « lois naturelles », il n'était vraiment fidèle à aucune loi et se condamnait à une vie d'hypocrisie et établissait des lois spéculatives, artificielles et contre nature.

« Comme nos hypothèses familières nous rendent aveugles ! Parmi les animaux, l'homme, au moins, a longtemps eu l'habitude de se considérer comme un être tout à fait à part et non comme une partie du cosmos qui l'entoure. Il s'en est détaché dans sa pensée, il a aliéné et objectivé le monde et a perdu le sentiment d'en faire partie. Et cette habitude et ce point de vue séculaires, qui ont façonné sa vie et contrôlé sa pensée, prêtant sa marque et sa couleur caractéristiques à toute sa philosophie, son art et son savoir, sont toujours maintenus, en partie à cause de leur commodité, sans doute, et en partie par la force de l'inertie et du pur conservatisme, à l'encontre des plus fortes probabilités de la science biologique. Il est probable qu'aucune autre hypothèse n'a moins de mérite, et pourtant aucune autre ne domine aussi complètement l'esprit humain. (Cassius J. Keyser, loc. cit.) Et cette conception monstrueuse est courante aujourd'hui : des millions de personnes considèrent encore l'homme comme un mélange d'animal et de quelque chose de surnaturel.

Il ne fait aucun doute que l'ingénierie de la société humaine est un problème difficile et compliqué qui implique une énorme responsabilité éthique, car il implique le bien-être de l'humanité tout au long d'une succession infinie de générations. La science de l'ingénierie humaine ne peut pas être bâtie sur de fausses conceptions de la nature humaine. Elle ne peut pas être construite sur la conception de l'homme comme une sorte d'animal ; ça ne peut pas être construit sur la conception de l'homme comme un mélange de naturel et de surnaturel. Il doit être construit sur la conception de l'homme comme étant à la fois naturel et de dimensionnalité supérieure à celle des animaux. Elle doit être construite sur la conception scientifique de l'humanité caractérisée par sa capacité et sa fonction à s'imposer dans le temps. Cette conception modifie radicalement toute notre vision de la vie humaine, de la société humaine et du monde.

Il doit être évident pour chacun que la contrainte temporelle est le seul critère et norme naturel pour la classe de vie contrainte par le temps. Ce terme puissant – contraignant dans le temps – une fois compris, s'avérera englober l' ENSEMBLE des lois naturelles, de l'éthique naturelle, de la philosophie naturelle, de la sociologie naturelle, de l'économie naturelle, de la gouvernance naturelle, à intégrer dans l'éducation des classeurs de temps; alors commencera une civilisation réellement pacifique et progressive, sans effondrements périodiques ni réajustements violents ; pas avant. Tout ce qui est vraiment « contraignant dans le temps » *est dans* la DIMENSION HUMAINE ; par conséquent, il représentera toutes les qualités impliquées dans des mots tels que : *bon* , *juste* , *juste* , *beau* ; tandis que tout ce qui n'est qu'un lien spatial sera classé comme « animal » et sera ainsi évalué à sa juste valeur. Ces « maîtres de nos destinées » ignorants qui considèrent les humains comme des animaux ou comme de monstrueux hybrides de naturel et de surnaturel doivent être détrônés par l'éducation scientifique.

Les humains peuvent être littéralement empoisonnés par de fausses idées et de faux enseignements. Beaucoup de gens ont une juste horreur à l'idée de mettre du poison dans le thé ou le café, mais semblent incapables de réaliser que, lorsqu'ils enseignent de fausses idées et de fausses doctrines, ils empoisonnent la capacité de fixation du temps de leurs semblables. Il faut s'arrêter et réfléchir ! Il n'y a rien de mystique dans le fait que les idées et les mots sont des énergies qui affectent puissamment la base physico -chimique de nos activités temporelles. Les humains ne sont donc plus fidèles à la « nature humaine ». L'hypnose est un fait connu. Il a été prouvé qu'un homme peut être tellement hypnotisé qu'au cours d'un certain temps qui lui a été suggéré, il assassinera, commettra un incendie criminel ou un vol ; que, sous influence hypnotique, le moral personnel de l'individu n'a qu'une faible influence sur sa conduite ; le sujet obéit aux suggestions hypnotiques, aussi immorales soient-elles. La conception de l'homme comme un mélange d'animal et de surnaturel a maintenu pendant des siècles les êtres humains sous le charme mortel de la suggestion selon laquelle l'égoïsme animal et la cupidité animale sont leur caractère essentiel, et le charme a fonctionné pour supprimer leur véritable nature humaine et POUR empêcher de s'exprimer naturellement et librement.

D'un autre côté, lorsque les êtres humains sont éduqués et conscients qu'ils sont par *nature des créatures liées au temps, ils* vivront alors spontanément conformément à leur nature temporelle, qui, comme je l'ai dit, est la source et le support de l'humanité. des idéaux les plus élevés.

Qu'obtient-on en accusant un homme d'être égoïste et avide s'il agit sous l'influence d'un environnement social et d'une éducation qui lui enseignent qu'il est un animal et que l'égoïsme et l'avidité sont l'essence de sa nature ?

Même un philosophe et psychologue aussi éminent que Spencer nous dit : « Parmi les vérités évidentes ainsi traitées, celle qui nous concerne ici est qu'une créature doit vivre avant de pouvoir agir... L'éthique doit reconnaître la vérité selon laquelle l'égoïsme vient avant l'altruisme. Cela est vrai pour LES ANIMAUX , car les animaux meurent par manque de nourriture alors que leur approvisionnement naturel en nourriture est insuffisant parce qu'ils n'ont PAS LA CAPACITÉ DE PRODUIRE ARTIFICIELLEMENT . Mais ce n'est pas vrai pour la DIMENSION HUMAINE .

Pourquoi pas? Parce que les humains, par leur capacité à fixer le temps, sont avant tout *des créateurs* et que leur nombre n'est donc pas contrôlé par l'offre de la nature seule, mais uniquement par la productivité artificielle des hommes, qui est LA MATÉRIALISATION DE LEUR CAPACITÉ À FIXER LE TEMPS.

L'homme, de par le caractère même intrinsèque de son être, DOIT DONC AGIR EN PREMIER POUR POUVOIR VIVRE (par l'action des parents – ou de la société), ce qui n'est pas le cas des animaux. L' incompréhension de cette simple vérité est en grande partie responsable du mal ou de l'absence de systèmes de nos systèmes éthiques et économiques. En fait, si l'humanité devait vivre en accord *complet* avec la conception animale de l'homme, la production artificielle – la production limitée dans le temps – cesserait et quatre-vingt-dix pour cent de l'humanité périrait de faim. C'est simplement parce que les êtres humains ne sont pas des animaux mais sont des limiteurs de temps – non pas de simples chercheurs mais des créateurs de nourriture et d'abris – qu'ils sont capables de vivre en si grand nombre.

Ici, même les aveugles doivent voir l'effet d'une dimensionnalité supérieure, et cet effet devient à son tour la cause d'autres effets qui en produisent encore d'autres, et ainsi de suite dans une chaîne sans fin. NOUS VIVONS PARCE QUE NOUS PRODUISONS, PARCE QUE NOUS AGISSONS DANS LE TEMPS ET NON SEULEMENT DANS L'ESPACE, PARCE QUE L'HOMME N'EST PAS UNE SORTE D'ANIMAL . Tout cela est si simple, si seulement nous appliquons un peu de logique dans notre réflexion sur la nature humaine et les affaires humaines. Si l'éthique humaine doit être humaine, si elle doit être dans la dimension humaine, les postulats de l'éthique doivent être modifiés ; CAR L'HUMANITÉ, POUR VIVRE, DOIT D'ABORD AGIR ; les lois de l'éthique – les lois d'une vie juste – sont des lois *naturelles* – des lois de la nature humaine – des lois qui ont toute leur source et leur sanction dans la capacité de lier le temps et l'activité qui s'y attache, propres à l'homme. L'excellence humaine est l'excellence dans le temps et doit être mesurée et récompensée par des normes de valeur temporelles.

L'humanité, pour vivre, doit produire de manière créative et doit donc être guidée par la science appliquée, par la technologie ; et cela signifie que les soi-disant sciences sociales que sont l'éthique, la jurisprudence, la psychologie, l'économie, la sociologie, la politique et le gouvernement doivent être émancipées de la métaphysique médiévale ; il faut les rendre scientifiques ; ils doivent être *technologisés* ; il faut les faire progresser et fonctionner dans la dimension qui leur est propre – la dimension humaine et non celle des animaux : il faut en faire des sciences temporelles.

Est-ce possible ? Je n'ai aucun doute que c'est possible. Car qu'est-ce que la vie humaine après tout ?

Pour un général sur le champ de bataille, la vie humaine est un facteur qui, s'il est correctement utilisé, peut détruire l'ennemi. Pour un ingénieur, la vie humaine est l'équivalent de l'énergie, ou d'une capacité à effectuer un travail, mental ou musculaire, et dès que quelque chose s'avère être une source d'énergie et avoir la capacité d'effectuer un travail, la première chose à faire, de Le point de vue de l'ingénieur est d' analyser le générateur en vue de découvrir la meilleure façon de le conserver, de l'améliorer et de l'amener au niveau de productivité maximale. Les êtres humains sont des batteries de production d'énergie très complexes, dont la qualité et l'ampleur de la puissance productive diffèrent considérablement. L'expérience a montré que ces batteries sont avant tout des batteries chimiques produisant une énergie mystérieuse. Si ces batteries ne sont pas alimentées périodiquement avec une quantité plus ou moins constante de certains éléments chimiques appelés nourriture et air, les batteries cesseront de fonctionner : elles mourront. En examinant la structure de ces batteries, nous constatons que la base chimique est très accentuée dans toute la structure. Ce générateur chimique est divisé en branches dont chacune a un rôle très différent qu'elle doit remplir en harmonie avec tous les autres. Les parties mécaniques de la structure sont construites conformément aux règles de la mécanique et sont automatiquement équipées de lubrification et de produits chimiques pour le renouvellement automatique des pièces usées. Les processus chimiques non seulement déposent des particules de masse pour la structure du générateur, mais produisent également des types inconnus d'énergies ou de vibrations très puissants qui font fonctionner toutes les pièces chimiques ; nous trouvons aussi un appareil mystérieux avec un complexe de fils que nous appelons glandes cérébrales et nerfs ; et enfin ces batteries humaines ont une remarquable capacité de reproduction.

Ces fonctions sont familières à tout le monde. De la connaissance des autres phénomènes physiques, mécaniques et chimiques de la nature, nous devons arriver à la conclusion que cette batterie humaine est l'exemple le plus parfait d'un moteur complexe ; elle présente toutes les particularités d'une batterie chimique combinée à un générateur d'une énergie particulière appelée vie ; il possède surtout des capacités mentales ou spirituelles ; il est ainsi doté de moyens à la fois mentaux et mécaniques pour produire du travail. Les pièces et les fonctions de ce merveilleux moteur ont fait l'objet de nombreuses recherches dans diverses branches scientifiques spécialisées. Un fait très remarquable est que le travail physique et le travail mental de ce moteur humain s'accompagnent toujours de changements à la fois physiques et chimiques dans la structure de sa machinerie, correspondant à l'usure des moteurs non vivants. Il présente également certains phénomènes sexuels et spirituels qui présentent une ressemblance frappante avec certains phénomènes, notamment les phénomènes sans fil, avec l'électricité et avec le radium. Cette batterie-moteur humain est d'une force, d'une durabilité et d'une perfection inhabituelles ; et pourtant, il est très susceptible d'être endommagé, voire détruit, s'il n'est pas utilisé correctement. Les facteurs de contrôle sont très délicats et le moteur est donc très capricieux. Une formation et une compréhension très particulières sont nécessaires à son contrôle.

Le lecteur souhaitera peut-être se demander : quelle est l'essence du pouvoir de l'Homme qui lie le temps ? Parler des essences est métaphysique – ce n'est pas scientifique. Laissez-moi vous expliquer par un exemple.

Qu'est-ce que l'électricité ? La réponse scientifique est : l'électricité est ce qui présente tel ou tel phénomène. L'électricité ne signifie rien d'autre qu'un certain groupe de phénomènes appelés électriques. Nous étudions l'électricité lorsque nous étudions ces phénomènes. Il en est ainsi en physique : on ne parle pas d'essences. Il en va de même dans l'ingénierie humaine : nous ne parlerons pas de l' *essence* de la contrainte temporelle mais uniquement des phénomènes et de leurs lois. Ce qui a conduit au développement des appareils électriques, c'est la connaissance des phénomènes électriques, et non des discours métaphysiques sur l'essence électrique. Et ce qui mènera à la science et à l'art de l'ingénierie humaine, c'est la connaissance des phénomènes qui limitent le temps – et non pas de vains bavardages sur l'essence d'un pouvoir qui lie le temps. Il n'y a pas de mystère autour du mot « time-binding ». Un terme descriptif était nécessaire pour désigner cette capacité humaine qui distingue les êtres humains des animaux et marque l'homme en tant qu'homme. Pour cet usage, la pertinence du terme « contrainte de temps » devient de plus en plus manifeste après réflexion.

Quelles sont les conditions de vie sur cette terre ? Y a-t-il la guerre ou la paix dans la vie quotidienne ? Tous les êtres vivants ont besoin de nourriture ; ils se multiplient selon un rapport géométrique ; et ainsi la productivité *naturelle* du sol devient de plus en plus insuffisante. La tendance à l'augmentation du rapport géométrique est vraie pour toute vie – végétale, animale et humaine, mais cette tendance est freinée par diverses influences contraires, naturelles et artificielles. Il y a peu de temps, ces freins avaient eu pour effet d' annuler la loi de l'augmentation, au point de stopper presque la croissance de la population humaine. Ce n'est que grâce à la capacité de l'homme à respecter le temps – grâce au progrès scientifique et à l'invention technologique – que les obstacles ont été surmontés. Ainsi , au siècle dernier, la population de l'Europe a augmenté plus qu'au cours des siècles précédents. Un sol appauvri, une chaleur ou un froid excessifs, une humidité excessive, le manque de pluie et bien d'autres facteurs sont hostiles à la vie. Il est donc évident que la vie humaine doit surtout lutter pour l'existence ; il doit mener une lutte perpétuelle pour sa propre conservation . Il semble évident que, s'il y a une guerre perpétuelle dans la vie quotidienne, des méthodes de guerre doivent être appliquées.

militaire mondiale et nous avons développé des moyens spéciaux de produire de l'énergie pour vaincre l'ennemi. Nous avons ainsi été poussés à découvrir certaines des sources cachées du pouvoir et toutes nos vieilles habitudes et idées étaient orientées vers les méthodes et la technologie militaires. La guerre de la vie quotidienne contre les éléments hostiles est une guerre pour l'asservissement de la nature physique et non pour la conquête des hommes. Il s'agit d'une guerre menée par le pouvoir intemporel des hommes confrontés à des obstacles naturels, et son triomphe progressif signifie un progrès progressif du bien-être humain.

ne faut pas négliger la leçon de la guerre mondiale faute de l'avoir analysée . Lorsque les nations se font la guerre entre nations, la guerre quotidienne normale de millions et de millions d'individus pour soumettre les ressources naturelles aux usages humains est interrompue et les fruits lentement récoltés d'un labeur incommensurable sont détruits.

Mais la guerre pacifique, la guerre pour la conquête de la nature, implique l'utilisation de méthodes technologiques et, ce qui est encore plus important, de philosophie, de droit et d'éthique technologiques.

Ce que je veux souligner dans ce petit livre, c'est la nécessité d'une révision en profondeur de nos idées ; et la révision doit être effectuée par des esprits ingénieurs afin que nos idées puissent correspondre aux faits. Si nous sommes malades, nous consultons un médecin ou un chirurgien, pas un charlatan. Nous devons apprendre que, lorsqu'il y a des problèmes avec la production d'énergie mondiale, nous devons consulter un ingénieur, un expert en énergie. Les politiciens, les diplomates et les avocats ne comprennent pas le problème. Ce que je préconise, c'est qu'il faut apprendre à interroger ceux qui savent produire des choses, au lieu de demander à ceux dont le métier est de lutter pour la division des choses produites par la nature ou par d'autres êtres humains.

En fait, notre civilisation est depuis longtemps désorganisée au point de devenir malade. Dernièrement, à cause du tourbillon de conditions changeantes, dû à la grande libération de puissance dans le nouveau géant technologique, la désorganisation est devenue aiguë. Les malades connaissent rarement le remède par eux-mêmes. Pour que le remède soit durable, nous devons aller à la source, et cela ne peut être fait que par des hommes familiarisés non seulement avec les effets mais aussi avec les causes.

L'argent n'est pas la richesse d'une nation, mais la production est la richesse ; donc *la production ordonnée* est l'objet principal de l'humanité. Mais pour avoir le maximum de production, il faut que la production repose sur des bases saines. Aucune simple prédication de l'amour fraternel ou de la haine de classe ne produira une seule brique pour la construction du futur temple de la victoire humaine – le temple de la civilisation *humaine* . La production ordonnée exige une analyse des faits fondamentaux.

Cette époque est essentiellement une ère industrielle. Pour produire, nous devons avoir : (1) une matière première ou du sol ; (2) instruments de production – outils et machines ; et (3) l'application du pouvoir.

Les trois exigences peuvent être brièvement caractérisées et évaluées comme suit :

(1) Les matières premières et le sol sont des produits de la nature ; l'humanité les a simplement pris et en a eu l'usage pour rien, car il est impossible de qualifier une prière d'action de grâce (s'il y en a) adressée à un « créateur » de paiement aux dieux ou aux hommes. Mais les matières premières et le sol, dans les conditions dans lesquelles la nature les produit, ne présentent que très peu d'avantages immédiats pour l'humanité, car les sols non remplis produisent très peu de nourriture pour l'homme, et les matières premières telles que le bois, le charbon, le pétrole, le fer, le cuivre , etc. ., sont complètement inutiles à l'humanité jusqu'à ce que le travail humain leur soit appliqué. Il faut couper un arbre pour faire du bois ; il est nécessaire d'extraire les minéraux, et même alors, ce n'est qu'en appliquant davantage de travail humain qu'il est possible de les rendre disponibles pour un usage humain. Il est donc évident que même les matières premières sous la forme dans laquelle la nature les a produites n'ont pour la plupart aucune valeur et ne peuvent être utilisées, à moins d'être reproduites par le processus de « production créatrice humaine ». Par conséquent, nous pouvons très bien conclure que la « matière première » doit être divisée en deux classes très distinctes : (*a*) la

matière première produite par la nature – le don gratuit de la nature – qui, dans sa forme et son lieu d'origine, n'a pratiquement aucune valeur d'usage ; et (*b*) la matière première reproduite par les activités mentales et musculaires de l'homme, par ses capacités de « fixation du temps » . Les matières premières de seconde classe ont une énorme valeur d'usage ; en fait, ils rendent possible l'existence de l'humanité.

Quant à la deuxième condition de production, à savoir :

(2) Outils et machines, il est évident que « les outils et les machines » sont constitués de matière première par le travail humain, mental et musculaire.

Et enfin:

(3) L'application du pouvoir. Différentes sources d'énergie et d'énergie naturelles sont connues. La source d'énergie disponible la plus importante pour ce globe est le soleil, la chaleur du soleil. Cette chaleur solaire est à l'origine de l'énergie hydraulique, de l'énergie éolienne et de l'énergie liée au charbon, de la chimie, de la croissance et de l'action transformatrice des plantes. [dix]

Tous les aliments que les animaux comme les humains utilisent sont déjà le résultat de l'énergie solaire transformée en ce qu'on peut appeler de l'énergie chimique. La transformation des énergies est la construction de la vie.

Il apparaît clairement que la seule source d'énergie qui puisse être directement appropriée et utilisée par l'homme ou l'animal est la nourriture végétale trouvée dans la nature ; aucune autre source d'énergie n'est disponible pour utilisation *directe* ; ils doivent d'abord être maîtrisés et dirigés par le cerveau humain. Il en va de même en ce qui concerne l'obtention de nourriture pour animaux, la création d'un moulin à eau ou à vent, ou d'une machine à vapeur, ou l'art d'utiliser un attelage de chevaux ou un boisseau de blé ; ceux-ci ne sont disponibles que par l'utilisation du pouvoir humain de « fixation du temps » .

Ce bref aperçu de faits connus de tous nous amène à la conclusion que tous les problèmes de production aboutissent en fin de compte à l'analyse des

(1) Les ressources naturelles en matières premières et en énergie naturelle, fournies gratuitement par la nature, qui, comme nous l'avons vu, sous la forme produite par la nature seule, ont très peu ou pas de valeur pour l'humanité ;

(2) L'activité du cerveau humain (car les muscles humains sont toujours dirigés par le cerveau) qui donne de la valeur aux matières premières et aux énergies autrement inutiles.

Par conséquent, pour comprendre les processus de production, il est essentiel de réaliser que l'humanité ne peut survivre que grâce à sa capacité à exploiter les ressources naturelles, à convertir les produits de la nature en formes disponibles pour les besoins humains. Si l'humanité avait seulement la capacité des singes, dépendant exclusivement des fruits sauvages et autres, ils seraient confinés aux régions relativement petites du globe où le climat et la fertilité du sol sont particulièrement favorables . Mais dans le cas supposé, les humains ne seraient pas des humains, ils ne seraient pas des limiteurs de temps – ils seraient des animaux – de simples limiteurs d'espace.

Il y a d'autres faits qu'il faut constamment garder à l'esprit. L'une d'elles est que, dans le monde dans lequel nous vivons, il existe des lois naturelles régissant les phénomènes inorganiques et organiques. Un autre fait est, comme nous l'avons dit plus haut, que la classe humaine a la capacité particulière d'établir les lois et coutumes sociales qui régulent et influencent ses destinées, qui facilitent ou entravent les processus de production sur lesquels reposent la vie et le bonheur de l'humanité. dépendent essentiellement et fondamentalement.

Il ne faut pas perdre de vue à cet égard que la classe de vie humaine est une partie et un produit de la nature et que, par conséquent, il doit y avoir des lois fondamentales *qui sont naturelles pour cette classe de vie* . Une pierre obéit aux lois naturelles des pierres ; un liquide est conforme à la loi naturelle des liquides ; une plante, aux lois naturelles des plantes ; un animal, aux lois naturelles des animaux ; il s'ensuit inévitablement qu'il *doit* y avoir des lois naturelles pour les humains.

Mais ici le problème devient plus compliqué ; car la pierre, la plante et l'animal ne possèdent pas le pouvoir intellectuel de créer et d'initier et doivent donc obéir aveuglément aux lois qui leur sont naturelles ; ils ne sont pas libres de déterminer leur propre destin. Il n'en est pas de même pour l'homme ; l'homme en a la capacité et il peut , par ignorance, négligence ou mauvaise intention, s'écarter ou mal interpréter les lois naturelles de la classe humaine de la vie. C'est précisément là que réside le secret et la source du chaos et du malheur humain – un fait d'une telle importance qu'on ne saurait trop l'insister et qu'il semble impossible de l'éluder plus longtemps. Découvrir la nature de l'Homme et les lois de cette *nature* , marque le sommet des entreprises humaines. Car résoudre ce *problème, c'est ouvrir la voie à tout ce qui peut être important pour l'humanité* – pour le bien-être et le bonheur de l'humanité.

Ce grand problème a été ressenti comme une impulsion puissante à travers les âges de l'effort humain, car de tout temps il est apparu évident aux penseurs que de la bonne solution du problème dépendra à jamais le bien-être de l'humanité. De nombreuses « solutions » ont été proposées ; et, bien qu'ils diffèrent considérablement, ils s'accordent sur un point : ils ont eu un sort commun : le sort d'être faux. Quel a été le problème ? Le problème réside, dans tous les cas, dans une conception erronée et radicale de ce qu'est réellement un être humain. Le problème est de découvrir les lois naturelles de la vie humaine. Toutes les « solutions » proposées au cours de l'histoire et celles qui sont actuelles aujourd'hui sont de deux et seulement deux sortes : *zoologiques* et *mythologiques* . Les solutions zoologiques sont celles qui naissent de la fausse conception selon laquelle les êtres humains sont des animaux ; si les humains sont des animaux, les lois de la nature humaine sont les lois de la nature animale ; et ainsi les « sciences » sociales de l'éthique, du droit, de la politique, de l'économie et du gouvernement ne deviennent rien d'autre que des branches de la zoologie ; en tant que sciences, ce sont les études de la vie animale ; en tant qu'arts, ce sont les arts de gérer et de contrôler les animaux ; selon cette philosophie zoologique, la sagesse humaine sur les êtres humains est la sagesse animale sur les animaux.

Les « solutions » mythologiques sont celles qui partent de la conception monstrueuse selon laquelle les êtres humains n'ont pas de place propre dans la nature mais sont des mélanges de naturel et de *surnaturel* – des unions ou des combinaisons d'animalité et de divinité. De telles « solutions » ne contiennent aucune conception du droit *naturel* ; jugées scientifiquement, ce sont des absurdités mythologiques – des bavardages confus de métaphysique grossière et irresponsable – bien intentionnés sans aucun doute, mais stupides et mortels dans leurs effets sur les intérêts de l'humanité, viciant l'éthique, le droit, l'économie, la politique et le gouvernement.

Telles ont été et sont toujours les philosophies dominantes de la nature humaine. Quel est le remède ? Comment découvrir les lois de la nature humaine ?

Il est évident que l'entreprise, comme toute autre entreprise scientifique, doit être fondée et guidée par des réalités. Il est essentiel de réaliser que la grande réalité centrale, dominante et globale est la réalité de *nature humaine* . Si nous méconnaissons cette question fondamentale, l'entreprise échouera ; cela est à la fois logiquement clair et clair à la triste lumière de l'histoire ; mais si nous le concevons correctement, nous pouvons espérer avec confiance que l'entreprise prospère. C'est pourquoi, dans le chapitre « Les classes de la vie », j'ai tant insisté sur la nécessité absolue de concevoir l'Homme comme étant ce qu'il est réellement, et non autre chose. Et nous avons découvert ce qu'est l'homme : nous avons découvert que l'homme est caractérisé par la capacité ou le pouvoir de lier le temps, et nous avons donc *défini* l'humanité comme la classe de la vie qui attache le temps. Cette notion est fondamentale. Il contient le germe de la science et de l'art de l'ingénierie humaine. Le problème de la découverte et de l'application des « lois de la nature humaine » est le problème de la découverte et de l'application à la conduite de la vie des lois de la fixation du temps – de l'activité qui lie le temps – de *l'énergie qui lie le temps* . Ce fait doit être fermement saisi et gardé constamment à l'esprit.

L'énergie, nous l'avons noté, est la capacité de faire un travail. Dans l'économie humaine, le travail peut être (1) *utile* ou (2) *neutre* ou (3) *nuisible* . Ces mots n'ont de signification que dans l'économie humaine. L'énergie de l'intellect humain est une énergie temporelle, car elle est capable de diriger, d'utiliser, de transformer d'autres énergies. Cette énergie qui lie le temps est d'un rang plus élevé – de dimensionnalité supérieure – que les autres énergies naturelles qu'elle dirige, contrôle, utilise et transforme. Cette énergie supérieure – communément appelée pouvoir mental ou spirituel de l'homme – *est* liée au temps car elle fait vivre les réalisations passées dans le présent et les activités présentes dans le temps à venir. C'est une énergie qui initie ; c'est une énergie qui crée ; c'est une énergie qui peut comprendre le passé et prédire l'avenir – elle est à la fois historien et prophète ; c'est une énergie qui charge le temps *abstrait* , véhicule des événements, d'un fardeau toujours croissant de réalisations intellectuelles, de richesses spirituelles, destinées à la civilisation de la postérité. Et quelle est la loi naturelle de l'augmentation ? Quelle est la loi naturelle des progrès humains dans tous les grands domaines qui l'intéressent ?

La question est de la plus haute importance à la fois théoriquement et pratiquement, car la loi – quelle qu'elle soit – est une loi *naturelle* – une loi de la nature humaine – une loi de l'énergie temporelle de l'homme. Quelle *est* la loi ? Nous avons déjà noté la loi de progression arithmétique et la loi de progression géométrique ; nous avons vu l'immense différence entre eux ; et nous avons vu que la loi naturelle du progrès humain dans chaque matière cardinale est une loi semblable à celle d'une progression géométrique rapidement croissante. En d'autres termes, la loi naturelle du progrès humain – la loi naturelle de l'amélioration des affaires humaines – la loi fondamentale de la nature humaine – la loi fondamentale de l'énergie qui lie le temps propre à l'homme – est une loi logarithmique – une loi d' augmentation logarithmique . . Je prie le lecteur de ne pas se laisser décourager par ce terme mais de se l'approprier. C'est facile à comprendre; et sa signification est puissante et éternelle. Même sa formulation mathématique peut être comprise par les garçons et les filles. Voyons à quoi ressemble la formulation.

Supposons que *PR* désigne l'ampleur des progrès réalisés dans un domaine important par une génération donnée – que nous pouvons appeler la « première » génération ; où *R* désigne la raison commune – le rapport d'amélioration – c'est-à-dire le nombre par lequel le progrès d'une génération doit être multiplié pour donner le degré de progrès réalisé par la génération suivante ; alors le montant des progrès réalisés par la deuxième génération sera *de PR* ^{2} ; celui réalisé par la troisième génération sera *le PR* ^{3} ; et ainsi de suite; désignons maintenant par *T* le nombre de générations, en comptant la première et toutes celles qui suivent dans une succession infinie. Puis la série suivante montrera la loi du progrès humain dans le domaine choisi :

$PR, PR^2, PR^3, PR^4, PR^5, ..., PR^T, PR^{T+1}, ...$;

remarquez comment ça se passe ; la première génération se termine par PR ; la deuxième génération commence par PR, ajoute PR^2 et se termine par $PR + PR^2$; la troisième génération commence par $PR + PR^2$, ajoute PR^3 et se termine par $PR + PR^2 + PR^3$; et ainsi de suite ; le *gain* réalisé dans le $La^{ème}$ génération est PR^T ; *le gain total* réalisé en générations T est

$$PR + PR^2 + PR^3 + ... + PR^T ;$$

ce gain total est donné par la formule,

Gain total en T générations = $(R \div R\text{-}1)(PR^T\text{-}P)$.

Si nous prenons R égal à 2 (ce qui est un très petit rapport, exigeant que le progrès de chaque génération soit simplement le double de celui de la précédente) et si nous prenons T égal (disons) à 10, alors nous voyons que les progrès réalisés pour la seule 10e génération, $P \times 2^{10}$, soit 1 024 fois les progrès réalisés dans la « première » génération ; et nous calculons facilement que le gain total en 10 générations est 2046 fois le progrès réalisé lors de la « première » génération. De plus, pour avoir une juste idée du caractère impressionnant de cette loi, le lecteur doit réfléchir au fait qu'elle opère, non seulement dans un domaine, mais dans tous les domaines d'intérêt humain. « Opère dans tous les domaines » je viens de dire ; en fait, comme nous l'avons souligné plus haut, elle ne fonctionne pas ainsi *dans* tous *les* domaines et ne l'a jamais fait. Ce que je veux dire, c'est qu'il *fonctionnera* ainsi lorsque nous aurons acquis suffisamment de bon sens pour le laisser agir. Ce sentiment, nous l'aurons quand et seulement quand nous découvrirons que, par nature, nous sommes des limiteurs de temps et que l' *efficacité* de notre capacité à fixer le temps n'est pas seulement fonction du temps mais est, comme je l'ai expliqué, une fonction logarithmique ou exponentielle du temps. temps - une fonction dans laquelle le temps (T) entre comme *exposant*, comme dans l'expression PR^T, de sorte que nous, les humains, sommes, contrairement aux animaux, naturellement qualifiés non seulement pour progresser, mais pour progresser de plus en plus rapidement, avec un rythme toujours plus *accéléré*. *accélération*, au fil des générations.

Ce grand fait doit être à la fois la base, le régulateur et le guide de la science et de l'art de l'ingénierie humaine. Tout ce qui correspond à cette loi de l'énergie humaine liée au temps est juste et contribue au bien-être humain ; tout ce qui y contrevient est mauvais et cause le malheur humain.

C'est pourquoi je répète que le monde connaîtra un progrès pacifique et ininterrompu lorsque et seulement lorsque les soi-disant « sciences » sociales

– les « sciences » régulatrices de la vie que sont l'éthique, le droit, la philosophie, l'économie, la religion, la politique et le gouvernement – seront technologisé; quand et seulement quand ils seront véritablement scientifiques dans leur esprit et leur méthode ; car alors et alors seulement elles progresseront, comme les sciences naturelles, mathématiques et technologiques, conformément à la loi exponentielle fondamentale de la nature temporelle de l'homme ; alors seulement, grâce à un rythme de progrès égal dans tous les domaines essentiels, l'équilibre des institutions sociales restera stable et les cataclysmes sociaux cesseront.

Chapitre V
La richesse

Je prie le lecteur de me permettre de commencer ce chapitre par un mot d'avertissement. Le lecteur est conscient que la Critique – par laquelle j'entends la Pensée – peut être de trois sortes : elle peut être purement destructrice ; cela peut être purement constructif ; ou bien elle peut être à la fois destructrice et constructive. La critique purement destructrice s'avère parfois très utile. Si une vieille idée ou un système de vieilles idées est faux et donc nuisible, c'est un véritable service de l'attaquer et de le détruire même si rien n'est proposé pour le remplacer, tout comme il est bon de détruire un serpent à sonnettes qui se cache derrière un être humain. chemin, même si l'on ne propose pas de substitut au serpent. Mais, si utile que soit la critique destructrice, ce n'est pas un service facile à rendre ; car les idées anciennes, aussi fausses et nuisibles soient-elles, sont protégées à la fois par l'habitude et par le conservatisme inné de nombreux esprits. Or, l'habitude est en effet extrêmement utile – voire indispensable à la conduite efficace de la vie – car elle nous permet de faire beaucoup de choses utiles automatiquement et donc facilement, sans réflexion consciente, et ainsi d'économiser notre énergie mentale pour d'autres travaux ; mais pour la même raison, l'habitude est souvent très nuisible ; cela nous fait protéger automatiquement les idées fausses, et ainsi, lorsque le critique destructeur s'efforce de détruire de telles idées en raisonnant avec nous, il découvre qu'il essaie de raisonner avec des automates – avec des machines. Telle est la principale difficulté rencontrée par la critique destructrice. D'un autre côté, la critique purement constructive – la pensée purement constructive – consiste à introduire de nouvelles idées qui n'entrent pas en conflit, ou ne semblent pas entrer en conflit, avec les anciennes. Une telle critique ou réflexion est-elle facile ? Loin de là. Il a ses propres difficultés. Celles-ci sont de deux types : la difficulté de montrer à ceux qui sont satisfaits de leur stock actuel d'idées anciennes que les nouvelles sont intéressantes ou importantes ; et la grande difficulté de rendre les idées *nouvelles* claires et intelligibles, car l'art d'être clair et parfaitement intelligible est très, très difficile à acquérir et à pratiquer . Le troisième genre de critique — le troisième genre de pensée — celui qui est à la fois destructeur et constructif — a un double but : celui de détruire les vieilles idées fausses et celui de les remplacer par de nouvelles idées vraies ; C'est pourquoi le troisième type de critique ou de pensée est le plus difficile de tous, car il lui faut surmonter à la fois la difficulté de la critique destructrice et celle de la pensée constructive.

Le lecteur donc, s'il veut bien réfléchir un peu à la question, ne peut manquer d' apprécier les énormes difficultés qui assaillent la rédaction de ce petit livre, car il doit percevoir non seulement que l'ouvrage appartient au troisième

C'est une sorte de pensée critique, mais, bien plus encore, les erreurs qu'elle vise à détruire sont fondamentales, mondiales et anciennes, tandis que les idées vraies qu'elle cherche à leur substituer sont fondamentales et nouvelles. Cette grande difficulté, ressentie à *chaque* étape de cet écrit, est, pour une raison qui sera expliquée ci-dessous, grandement renforcée et ressentie avec une acuité particulière dans le présent chapitre. Je prie donc le lecteur de m'accorder ici une coopération très particulière – la coopération de l'ouverture d'esprit, de la franchise et de l'attention critique. Il est essentiel de garder à l'esprit la nature de notre entreprise dans son ensemble, qui est d'ouvrir la voie à la science et à l'art de l'ingénierie humaine et d'en poser les bases ; nous avons vu que l'ingénierie humaine, une fois développée, doit être la science et l'art de diriger les énergies et les capacités humaines de manière à les faire contribuer le plus efficacement possible à l'avancement du bien-être humain ; nous avons vu que cette science et cet art doivent avoir leur base dans une conception véritable de la nature humaine, une conception juste de ce qu'est réellement l'Homme et de sa place naturelle dans la complexité du monde ; nous avons vu que les conceptions anciennes et toujours actuelles de l'homme – conceptions zoologiques et mythologiques, selon lesquelles les êtres humains sont soit des animaux, soit des hybrides d'animaux et de dieux – sont principalement responsables des choses lamentables de l'histoire humaine ; nous avons vu que l'homme, loin d'être un animal ou un composé de naturel et de surnaturel, est un être parfaitement naturel caractérisé par une certaine capacité ou pouvoir – la capacité ou le pouvoir de lier le temps ; nous avons vu que l'humanité doit donc être à juste titre conçue et définie scientifiquement comme la classe de la vie limitée dans le temps ; nous avons vu que, par conséquent, les lois des énergies et des phénomènes temporels sont les lois de la nature humaine ; nous avons vu que cette conception de l'homme – qui doit être le concept de base, le principe fondamental et le guide et régulateur perpétuel de l'ingénierie humaine – est vouée à opérer une transformation profonde dans toutes nos conceptions des affaires humaines et, en particulier, doit radicalement modifier les soi-disant « sciences » sociales – les « sciences » régulatrices de la vie que sont l'éthique, la sociologie, l'économie, la politique et le gouvernement – en les faisant passer de leur état actuel de pseudo-sciences au niveau de véritables sciences et en les technologisant pour un service efficace de l'humanité. Je les appelle « régulatrices de la vie », non pas parce qu'elles jouent un rôle plus important dans les affaires humaines que les véritables sciences que sont les mathématiques, la physique, la chimie, l'astronomie et la biologie, car elles ne sont pas plus importantes que celles-ci, mais parce qu'elles le sont, pour ainsi dire, plus proches, plus immédiates et plus évidentes dans leur influence et leurs effets. Ces sciences régulatrices de la vie ne sont bien entendu pas indépendantes ; ils dépendent en fin de compte des sciences authentiques pour une grande partie de leur pouvoir et devraient s'adresser à elles pour obtenir de la lumière et des conseils ; mais ce que je veux dire ici en disant qu'ils ne sont pas indépendants, c'est qu'ils dépendent les uns des autres, s'interpénétrant et s'emboîtant d'innombrables manières. Montrer *en détail* comment les soi-disant sciences devront être transformées pour les rendre conformes à la juste conception de l'homme et les qualifier pour leur propre activité nécessitera finalement un volume important, voire des volumes.

Dans cet ouvrage introductif, je ne peux pas traiter entièrement d'une de ces « sciences » , ni de manière appropriée chacune d'elles séparément. Je dois me contenter ici d'aborder, très brièvement, l'un d'entre eux, à titre d'illustration et de suggestion. Lequel sera-ce ?

Or, parmi ces « sciences » régulatrices de la vie, il en est une particulièrement marquée par l'importance de son sujet, par sa relation centrale avec les autres et par sa prééminence dans l'esprit du public. Je veux dire l'économie – la « science lamentable » de l'économie politique. C'est pour cette raison que j'ai choisi de m'intéresser à l'économie. Dans le présent chapitre, je discuterai de trois de ses principaux termes – Richesse, Capital et Argent – en vue de montrer que les significations et interprétations actuelles de ces termes familiers doivent être très considérablement approfondies, élargies et élevées si elles veulent être en accord avec les faits. et les lois de la nature humaine et si ce qu'on appelle La « science » qui les emploie doit devenir une véritable science proprement qualifiée pour être une branche de l'Ingénierie Humaine. Il convient de montrer que les significations actuellement attribuées par les économistes politiques et autres aux termes en question appartiennent à ce que j'ai appelé la période de l'enfance de l'humanité ; et il faut montrer que les nouvelles significations que doivent recevoir les termes appartiennent à la période de la virilité de l'humanité. On verra que les nouvelles significations diffèrent si radicalement des anciennes qu'il est souhaitable, par souci de clarté, de donner de nouveaux noms aux nouvelles significations. Mais cela, aussi scientifiquement souhaitable soit-il, est irréalisable parce que les anciens termes – richesse, capital, argent – sont profondément ancrés dans le discours du monde. Et c'est ici qu'apparaît la difficulté très particulière évoquée ci-dessus et qui m'a amené à solliciter la coopération particulière du lecteur dans ce chapitre. La difficulté n'est pas seulement de détruire les vieilles idées qui sont fausses ; il ne s'agit pas seulement de les remplacer par des idées vraies et nouvelles ; il s'agit d'amener les gens à associer habituellement des significations nouvelles et vraies à des termes associés depuis si longtemps, si universellement, si uniformément à des significations fausses.

Le secret de la philosophie, disait Leibnitz, est de traiter les choses familières comme inconnues. Par le secret de la « philosophie », Leibnitz entendait le secret de ce que nous appelons la science. Appliquons cette saine maxime dans notre présente étude ; considérons, dans la mesure du possible, les termes familiers – richesse, capital et argent – comme peu familiers ; traitons-en à nouveau ; Examinons avec ouverture d'esprit les faits – les phénomènes – auxquels les termes se rapportent et vérifions scientifiquement la signification que ces termes doivent avoir dans une véritable science de l'économie humaine. Examinez « les faits », dis-je – examinez « les phénomènes » – car plier les faits aux théories est un danger vital, tandis que plier les théories aux faits est essentiel à la science et au progrès pacifique de la société.

Les êtres humains ont toujours eu un certain sens des valeurs, une certaine perception ou connaissance des valeurs. Pour exprimer ou mesurer des valeurs, il fallait introduire des unités de mesure, ou unités d'échange. Les gens ont commencé à mesurer les valeurs au moyen de produits agricoles et autres, comme le bétail, par exemple. Le mot latin pour bétail était *pecus* , et le mot *pecunia* , qui en est venu à signifier argent, explique la signification de notre mot familier pécuniaire. Les premières unités de mesure sont devenues inadaptées aux besoins croissants du commerce, des « affaires » ou du trafic en pleine croissance. Finalement, une unité appelée monnaie fut adoptée, dont la base était la valeur d'un certain poids d'or. Ainsi, nous voyons que la monnaie est devenue simplement l'unité acceptée pour mesurer, représenter et exprimer les valeurs de et dans la richesse.

Mais qu'est-ce que la richesse ? J'ai dit que les vieilles conceptions de la richesse, du capital et de l'argent, les conceptions qui sont encore courantes dans le monde entier, appartiennent à la période de l'enfance de l'humanité, ce sont des conceptions enfantines. J'ai dit qu'il fallait les remplacer par des conceptions scientifiques, par des conceptions adaptées à la virilité de l'humanité. Le changement qui doit être opéré dans nos conceptions des grands termes est formidable. Il est nécessaire d' analyser les conceptions actuelles de la richesse, du capital et de l'argent – leurs conceptions enfantines – afin d'en révéler la fausseté, la stupidité et la folie. Pour ce faire, nous devons entrer dans le domaine de l'économie politique – un domaine semé de difficultés et de dangers particuliers. Toutes les Furies des intérêts privés sont impliquées. On a l'impression qu'il y a peu ou pas de réel désir d'acquérir une véritable conception – une conception scientifique – de la richesse. Tout le monde semble préférer une définition émotionnelle – une définition qui convient à son amour personnel de la richesse ou à sa haine de celle-ci. De nombreuses définitions de la richesse, du capital et de l'argent se trouvent dans les livres modernes d'économie politique – définitions et livres appartenant à l'enfance de l'humanité. Aux fins de cet article, ils se ressemblent tous – ils sont suffisamment d'accord – ils sont tous enfantins. Mill, par exemple, nous dit que la richesse est constituée de « choses utiles ou agréables qui possèdent une valeur échangeable ». L'une des définitions les plus simples du capital est la suivante :

> « Le capital est la partie de la richesse qui est consacrée à l'obtention de richesses supplémentaires. » (Alfred Marshall, *Économie de l'industrie* .)

Walker (dans son *ouvrage Money, Trade and Industry*) définit la monnaie comme suit :

> « L'argent est ce qui passe librement de main en main à travers la communauté pour l'acquittement final des dettes et le paiement intégral des marchandises, étant accepté également sans référence au caractère ou au crédit de celui qui l'offre, et sans l'intention de celui qui l'offre. le reçoit pour le consommer, ou pour en jouir, ou pour l'utiliser à tout autre usage que, à son tour, pour le donner à d'autres en acquittement de dettes ou en paiement intégral de marchandises.

L'économie politique compte de nombreuses écoles de pensée et méthodes de classification différentes. Ses raisonnements sont principalement spéculatifs, métaphysiques et légalistes ; son éthique est l'éthique zoologique, fondée sur la conception zoologique de l'homme en tant qu'animal. Les éléments de logique naturelle et d'éthique naturelle sont absents. Les idées sophistiquées sur le sujet de l'économie politique ne correspondent carrément pas aux faits. Notre ancêtre primitif de la jungle serait mort de faim, de froid, de chaleur, d'un empoisonnement du sang ou des attaques d'animaux sauvages, s'il n'avait pas utilisé son cerveau et ses muscles pour prendre une pierre ou un morceau de bois pour abattre les fruits des arbres, tuer un animal, afin d'utiliser sa peau pour des vêtements et sa viande pour se nourrir, ou briser du bois et des arbres pour s'abriter et fabriquer des armes pour la défense et la chasse.

> « Dans la première pierre qu'il (le sauvage) jette à l'animal sauvage qu'il poursuit, dans le premier bâton qu'il saisit

pour abattre le fruit qui pend au-dessus de sa portée, nous voyons l'appropriation d'un article dans le but d'aider à l'acquisition d'un autre et nous découvrons ainsi l'origine du capital. (R. Torrens, *Essai sur la production de richesse* .)

La première connaissance du feu par notre ancêtre primitif fut probablement grâce à la foudre ; il découvrit, probablement par hasard, la possibilité de faire du feu en frottant deux morceaux de bois et en heurtant deux morceaux de pierre ; il a établi l'un des premiers faits technologiques ; il ressentit l'effet chaud du feu et aussi le bon effet de griller sa nourriture en trouvant des animaux rôtis dans un feu. La nature lui révéla ainsi l'un de ses grands dons, l'énergie emmagasinée du soleil dans la végétation et son utilisation bénéfique primitive. Il était déjà un être limité dans le temps ; l'évolution l'avait amené à ce niveau. Étant un produit de la nature, il reflétait les lois naturelles qui appartiennent à sa classe de vie ; il avait cessé d'être statique, il était devenu dynamique, le progressisme était entré dans son sang, il était au-dessus du domaine des animaux.

Nous observons également que l'homme primitif produisait des marchandises, acquérait des expériences, faisait des observations, et que certaines des marchandises produites avaient une valeur d'usage pour d'autres personnes et restaient bonnes à l'usage, même après sa mort.

Les marchandises produites étaient composées de matières premières, fournies librement par la nature, combinées à un travail mental qui lui donnait la conception de la manière de fabriquer et d'utiliser l'objet, et à un travail de sa part qui façonnait finalement la chose ; tout ce travail mental et manuel prenait beaucoup de temps. Il est évident que tous ces éléments sont indispensables pour produire quoi que ce soit ayant une valeur ou une valeur d'usage. Son enfant a non seulement reçu directement certaines des valeurs d'usage qu'il a produites, mais a été initié à toutes ses expériences et observations. (Comme nous le savons, la puissance, telle que définie en mécanique, désigne le rapport entre le travail effectué et le temps utilisé pour l'accomplir.)

Toutes ces choses sont des phénomènes temporels produits par la capacité de l'homme à lier le temps ; mais l'homme ne savait *pas* que *cette capacité* était sa *marque distinctive* . Nous devons remarquer le fait étrange que, du point de vue de l'ingénierie, l'humanité, bien que très développée à certains égards, est puérilement sous-développée à d'autres. L'humanité a certaines conceptions sur les dimensions et parle du monde dans lequel nous vivons comme ayant trois dimensions ; pourtant, même dans son imagination la plus folle, il ne peut pas imaginer concrètement une *quatrième* dimension ; bien plus, l'humanité n'a pas appris à saisir la véritable signification des choses qui sont fondamentales. Toutes nos conceptions sont relatives et comparatives ; tous sont basés sur des sujets que nous ne comprenons pas encore ; par exemple, on parle de temps, d'espace, d'électricité, de gravité, etc., mais personne n'a pu les définir en termes de données de sensation ; néanmoins — et c'est un fait de la plus haute importance — nous apprenons à utiliser beaucoup de choses que nous ne comprenons pas complètement et que nous ne sommes pas encore capables de définir.

En économie politique, la pauvreté de notre compréhension est particulièrement remarquable ; nous n'avons pas encore saisi le fait évident – et d'une importance incommensurable pour toutes les sciences sociales – que, à peu d'exceptions près, la richesse et le capital possédés par une génération donnée ne sont pas produits par son propre travail mais sont le fruit hérité du labeur d'hommes morts. -un cadeau gratuit du passé. Nous devons encore apprendre et appliquer la leçon selon laquelle non seulement notre richesse matérielle et notre capital, mais aussi notre science, notre art, notre savoir et notre sagesse – tout ce qui constitue notre civilisation – ont été produits, non pas par notre propre travail, mais par le temps. énergies des générations passées.

L'homme primitif utilisait les lois naturelles sans les connaître ni les comprendre, mais il était capable de faire en sorte que la nature s'exprime, en trouvant un moyen de libérer l'énergie emmagasinée par la nature. Grâce au travail de son cerveau et à son orientation dans l'usage de ses muscles, il constata que certains de ses appareils n'étaient pas bons ; il en fit de meilleurs, et c'est ainsi que lentement, au début, le progrès de l'humanité se poursuivit. Je ne m'étendrai pas sur l'histoire de l'évolution de la civilisation car elle est racontée dans de nombreux livres.

Dans les premiers temps, les systèmes religieux, philosophiques, juridiques et éthiques n'avaient pas été inventés. Le moral à cette époque était un moral naturel. Les humains savaient qu'ils n'avaient pas créé la nature. Ils n'ont pas jugé « approprié » d' « exproprier le créateur » et de s'approprier légalement la terre et ses trésors. Ils sentaient, dans leur moralité simple, qu'ayant été appelés à l'existence, ils avaient le droit naturel d'exister et d'utiliser librement les dons de la nature pour la préservation de leur vie ; et c'est ce qu'ils ont fait.

Après la mort d'un homme, certains des objets produits par lui survivaient encore, comme les armes, les instruments de pêche ou de chasse, ou les grottes adaptées à l'habitat ; un bébé devait être nourri pendant quelques années par ses parents, sinon il serait mort. Ces faits ont eu des conséquences importantes ; les objets fabriqués par quelqu'un pour un usage particulier pourraient être utilisés par quelqu'un d'autre, même après la mort d'un ou de plusieurs utilisateurs successifs ; encore une fois , les expériences acquises par un membre d'une famille ou un groupe de personnes étaient enseignées par exemple ou précepte aux autres de la même génération et à la génération suivante. Des faits aussi simples sont les pierres angulaires de toute notre civilisation et ils sont le résultat direct de la CAPACITÉ HUMAINE À RELIER LE TEMPS .

Le monde d'aujourd'hui est plein de controverses sur la richesse, le capital et l'argent, et parce que l'humanité, par son pouvoir particulier de fixation du temps, lie cet élément « temps » à un degré toujours plus grand, la controverse devient de plus en plus aiguë. . La civilisation en tant que processus est le processus qui lie le temps ; le progrès se fait par le fait que chaque génération ajoute à la richesse matérielle et spirituelle dont elle hérite. Les réalisations passées – fruit du temps passé – vivent ainsi dans le présent, sont augmentées dans le présent et transmises au futur ; le processus continue ; le temps, l'élément essentiel, est tellement impliqué que, bien qu'il augmente arithmétiquement, son fruit, la civilisation, avance géométriquement.

on laisse un « pouce » de bois ou de fer pourrir ou rouiller tranquillement sur une étagère, ce « pouce » ne représente rien d'autre que ce morceau de bois ou de fer. Mais si nous prenons la valeur MENTALE du pouce, cette unité d'une des mesures de l'espace, et que nous l'utilisons, avec d'autres quantités, dans la contemplation du ciel pour résoudre un problème astronomique, cela donne une réponse prophétique : à un certain endroit, il y a une étoile ; cette étoile a peut-être été recherchée en vain pendant des années. Est-ce que le calcul était erroné ? Non, car après de nouvelles recherches avec des télescopes de plus grande puissance, l'étoile est trouvée et le calcul ainsi vérifié.

Il est évident que « l'unité » – le pouce – n'a aucune valeur en soi, mais est très précieuse comme unité de mesure du phénomène de longueur, qu'elle représente parfaitement, et c'est pourquoi elle a été introduite.

Il en est exactement de même pour l'argent, si le terme est bien compris. Bien compris, l'argent, étant la mesure et le représentant de la richesse, est en grande partie la mesure et le représentant du labeur des morts ; car, bien comprise, la richesse est presque entièrement le produit du travail des générations passées. Ce produit, nous l'avons vu, implique l'élément temps comme facteur principal. Nous découvrons ainsi comment l'argent, bien compris, est lié au temps : la fonction principale de l'argent est de mesurer et de représenter les produits accumulés du travail des générations passées. L'argent thésaurisé est comme un « pouce » de fer sur une étagère – une masse inutile ; mais lorsqu'il est utilisé comme mesure et comme représentant d'une richesse bien comprise, l'argent rend un service inestimable, car il sert alors à mesurer et à représenter le fruit vivant du labeur des morts.

Pour cette raison, il est inutile de débattre pour savoir qui est le plus important : le capitaliste qui possède légalement la plupart des fruits matériels du labeur des hommes morts, ou l'ouvrier qui n'en possède légalement qu'une petite partie. Chez le travailleur, on ne recherche plus vraiment désormais son SEUL TRAVAIL PHYSIQUE ET MUSCULAIRE ; car celle-ci est remplacée dès que possible par la force mécanique ou animale . Ce dont nous avons besoin dans le travail, et ce dont nous aurons toujours besoin, c'est de son CERVEAU, DE SON POUVOIR DE FIXATION DU TEMPS .

La population du monde peut être divisée en différentes classes ; si les classes ne sont pas ici énumérées de la manière habituelle, c'est parce qu'il est nécessaire de classer les êtres humains, le plus près possible, selon leur « valeur-pouvoir ». Rien n'affirme qu'il s'agit d'une classification idéale, mais si quelqu'un est amené à s'exclamer : « quelle division stupide et non scientifique ! » — Je répondrai en disant : « J'admets que la division est insensée et non scientifique ; mais C'EST LA SEULE DIVISION QUI CORRESPONDE AUX FAITS DE LA VIE , et ce n'est pas la faute de l'écrivain. Par cette « folie », quelque bien peut être accompli.

Du point de vue d'un ingénieur, l'humanité doit apparemment être divisée en trois classes ; (1) les intellectuels ; (2) les riches ; et (3) les pauvres. Cette division semble contraire à toutes les règles de la logique, mais elle correspond aux faits. Certes, certains individus appartiennent à deux des classes, voire aux trois, produit de l'après-guerre, mais au fond, ils appartiennent à une seule classe en proportion du caractère le plus marqué dans leur vie ; c'est-à-dire au sens de classes sociales – BASÉES SUR L'AMPLEUR DES VALEURS .

(1) Les intellectuels sont les hommes et les femmes qui possèdent le savoir produit par le travail des générations passées mais ne possèdent pas la richesse matérielle ainsi produite. En maîtrisant et en utilisant cet héritage de connaissances, ils exercent leurs énergies temporelles et font vivre le travail des morts dans le présent et pour l'avenir.

(2) Les riches sont ceux qui possèdent et contrôlent la plus grande partie de la richesse *matérielle* produite par le labeur des générations passées – une richesse qui est morte si elle n'est pas animée et transformée par le travail contraignant des vivants.

(3) Les pauvres sont ceux qui n'ont ni les connaissances que possèdent les intellectuels ni les richesses matérielles que possèdent les riches et qui, de plus, parce que presque tous leurs efforts, dans les conditions actuelles, se limitent à la lutte pour la simple existence, n'ont que peu de possibilités. ou aucune possibilité d'exercer leur capacité à respecter des délais.

Essayons maintenant de déterminer le rôle de la classe de vie temporelle dans son ensemble. Nous devons nécessairement revenir au début, au sauvage. Nous avons vu quelles furent les conditions de son travail et de ses progrès ; nous avons vu que pour chaque réussite, il devait souvent lutter contre un très grand nombre de réussites infructueuses, et sa vie étant si limitée, le total de ses réussites était très limité, de sorte qu'il ne pouvait donner à son enfant qu'un quelques objets utiles et la somme de son expérience. D'une manière générale, chaque successeur n'a pas commencé sa vie au même point que son père ; il a commencé quelque part près de là où son père s'était arrêté. Son père a mis, disons, cinquante ans pour découvrir deux vérités dans la nature et a réussi à fabriquer deux ou trois objets simples ; mais le fils n'a pas besoin de consacrer cinquante ans pour découvrir et créer les mêmes réalisations, et il a donc le temps de réaliser quelque chose *de nouveau* . Il ajoute ainsi ses propres acquis à ceux de son père en outils et en expérience ; c'est l'équivalent mathématique de l'ajout des années de vie de ses parents aux siennes. Le travail et l'expérience de sa mère sont bien entendu inclus — les noms de père et de fils n'étant utilisés qu'à titre représentatif.

Ce fait prodigieux est la marque définitive de l'humanité : le pouvoir d'accumuler sans cesse les réalisations toujours croissantes de génération après génération. Nous avons vu que ce pouvoir de liaison temporelle est une puissance exponentielle ou une fonction du temps. Le temps s'écoule, augmentant selon une progression arithmétique, s'ajoutant de génération en génération ; mais les résultats des énergies humaines travaillant dans le temps ne se suivent pas de manière arithmétique ; ils s'entassent ou s'enroulent de plus en plus rapidement, augmentant selon la loi d'une progression géométrique croissante de plus en plus rapide. Le terme typique de la progression est PR^T où PR désigne le progrès final réalisé dans la génération avec laquelle nous acceptons de commencer notre calcul, R désigne l'augmentation du rapport et T désigne le nombre de générations après le « début » choisi. La quantité PR^T des progrès réalisés dans la $T^{ième}$ génération contient T comme exposant, et donc la quantité, variant avec le temps T, est appelée une fonction exponentielle du temps.

La nature est la source de toute énergie. Les plantes, la forme de vie la plus élémentaire, ont un rôle précis à jouer dans l'économie de la nature. Leur fonction est la formation d'albuminoïdes et d'autres substances à des fins supérieures. Tous leurs nitrates sont des explosifs puissants ou faibles, mais quand même des explosifs. Ce sont de puissantes sources d'énergie nouvelle.

La vie animale utilise ces « explosifs » comme nourriture et est par conséquent plus dynamique, mais la durée de la vie animale ne joue pas le rôle qu'elle joue dans la vie humaine. Les animaux sont limités par la mort de façon permanente. Si les animaux font des progrès de génération en génération, ils sont si minimes qu'ils sont négligeables. Un castor, par exemple, est un remarquable constructeur de barrages, mais il ne progresse pas dans le domaine des inventions ou du développement ultérieur. Un barrage de castor est toujours un barrage de castor.

Enfin, l'humanité, la classe de vie la plus élevée connue, a pour caractéristique, pour discriminant, pour marque particulière et définitive, la capacité de lier le temps. C'est un fait non réalisé que dans cette classe supérieure de vie , *la loi de la croissance organique se transforme en loi de la croissance énergétique – l'esprit – l'énergie qui lie le temps – une fonction exponentielle croissante du temps*. Ce fait est d'une importance fondamentale pour la science et l'art de l'ingénierie humaine. En mécanique on a la formule bien connue

(1) Travail $\div$ Temps = Puissance.

Nous avons vu que, conformément à la loi de progression géométrique, PR^T représente le progrès réalisé — le travail accompli — dans la *Tième* génération (T étant compté à partir d'une génération prise comme point de départ du calcul) ; ce progrès, cette réalisation ou *ce travail* , étant réalisé en *une seule* génération, nous avons par (1)

(2) (Travail = PR^T) / (Temps = 1) = Puissance,

c'est-à-dire PR^T = Puissance ; cela signifie que le nombre PR^T, qui mesure le travail effectué dans une génération donnée, est aussi la mesure de la puissance qui effectue le travail. Or, le travail total, W , effectué dans les générations T est

(3) $W = PR^1 + PR^2 + PR^3 + ... + PR^T$;

c'est,

(4) $W = R \div (R - 1) \times (PR^T - P)$

Il convient de remarquer que par (2) cette expression de W peut aussi être considérée comme la somme de T différentes puissances PR , PR^2 , etc., travaillant chacune pendant une et une seule génération ; si nous divisons cette somme par T , le quotient serait une puissance qui devrait agir sur T générations pour produire W . Le lecteur ne doit pas manquer de remarquer très attentivement que l'expression (4) pour W est une expression du progrès total réalisé - du travail total effectué - de la richesse totale produite - au cours de T générations et il doit surtout noter comment l'expression implique la fonction exponentielle du temps (T), à savoir PR^T.

La formule rend mathématiquement évidente la capacité de fixation du temps caractéristique de la classe humaine. Bien comprise, *la richesse* est constituée des fruits ou des produits de cette capacité de l'homme à s'imposer dans le temps. Les animaux ne produisent pas de richesse ; elle est produite par l'Homme et seulement par l'Homme. La formulation fondamentale qui précède devrait conduire à d'autres développements similaires, jetant beaucoup de lumière sur le processus de civilisation et servant à éliminer « l'opinion privée » de la conduite des affaires humaines. (Dans cet article, il n'est pas important d'examiner plus en profondeur ces séries proposées. Il n'en demeure pas moins que P , ainsi que R , sont des séries particulièrement croissantes à caractère géométrique - la forme précise sera développée dans un autre écrit.)

Les réalisations et les progrès humains, parce que cumulatifs, font tomber les barrières du temps. Ce fait constitue la différence vitale et dynamique entre la vie animale et la vie humaine. Alors que les plantes rassemblent et emmagasinent l'énergie solaire en gerbes pour l'utilisation et la croissance des animaux et des hommes, les humains rassemblent et relient les connaissances des siècles passés en gerbes pour l'utilisation et le développement des générations à venir.

Nous avons vu que le terme richesse, bien compris, désigne le fruit du travail temporel de l'humanité. La richesse est de deux sortes : l'une est matérielle ; l'autre est la connaissance. Les deux types ont une valeur d'usage. La première espèce périt : les marchandises qui la composent se détériorent et deviennent inutiles. L'autre a un caractère permanent ; c'est impérissable ; il peut être perdu ou oublié mais il ne s'use pas.

L'un est limité dans le temps ; l'autre, illimité dans le temps ; j'appelle la première VALEUR D'USAGE POTENTIELLE ; la seconde, LA VALEUR D'USAGE CINÉTIQUE . L'analyse justifiera les noms. L'énergie d'un corps due à sa position est appelée énergie potentielle. L'énergie d'un corps qui résulte de son mouvement est appelée énergie cinétique. Ici, la valeur d'usage matérielle a de la valeur par sa position, sa forme, etc. ; il est immobile s'il n'est pas utilisé et n'a pas la capacité de progresser. Les valeurs d'usage mentales ne sont pas statiques mais dynamiques en permanence ; une pensée, une découverte, est l' impulsion vers les autres ; ils suivent la loi d'un *potentiel croissant* en fonction du temps. (Voir app. II .) C'est pourquoi ces noms correspondent aux deux noms des deux classes d'énergie mentionnées.

Il me faut ici revenir aux conceptions actuelles de la richesse et du capital, précédemment citées. « La richesse, nous dit-on, est toute chose utile ou agréable qui possède *une valeur échangeable* . » Et on nous dit que « le capital est la partie de la richesse qui est consacrée à l'obtention de richesses supplémentaires ». J'ai dit que de telles conceptions, de telles définitions, de la richesse et du capital sont puériles : elles appartiennent à la période de l'enfance de l'humanité. Qu'il s'agisse bien de conceptions enfantines, le lecteur ne peut manquer de voir s'il y réfléchit et surtout s'il les compare avec la conception scientifique selon laquelle la richesse consiste en ces choses - qu'il s'agisse de marchandises matérielles ou de formes de connaissance et de compréhension. – qui ont été produites par les énergies temporelles de l'humanité, et selon lesquelles *presque toutes les richesses du monde à un moment donné* sont le *fruit accumulé du labeur des générations passées* – l'œuvre vivante des morts. Il semble inutile de mettre en garde le lecteur contre la confusion entre la « *création* » d'argent par des moyens frauduleux, par la ruse ou le commerce, avec la *création* de richesse, par le produit du travail. En qualifiant d'enfantines les vieilles conceptions, je ne veux pas dire qu'elles ne contiennent aucun élément de vérité ; Je veux dire qu'ils sont superficiels, maigres scientifiquement ou spirituellement, étroits dans leur vision, faux dans leur accent ; Je veux surtout dire qu'ils sont stupides, parce qu'ils sont aveugles, quant à la question centrale selon laquelle la richesse est la progéniture naturelle du temps et du labeur humain. Les anciennes conceptions impliquent en effet que la richesse et le capital impliquent à la fois des valeurs d'usage potentielles et cinétiques, et dans la mesure où elles ont raison. Mais comment naissent ces valeurs d'usage ?

Les valeurs d'usage potentielles de la richesse sont créées par le travail humain opérant dans le temps sur la matière première donnée par la nature. Les valeurs d'usage sont produites par de longues transformations des matières premières ; ces transformations sont provoquées par le travail cérébral humain et le travail musculaire humain dirigé par le cerveau humain agissant dans le temps. Les valeurs d'usage cinétiques de la richesse sont également créées par le labeur humain – principalement par le travail intellectuel d'observation, d'expérimentation, d'imagination, de déduction et d'invention, qui consomme le temps précieux des courtes vies humaines. Il est évident que dans la création de valeurs d'usage, qu'elles soient potentielles ou cinétiques, l'élément *temps* entre comme un facteur absolument essentiel. L'importance fondamentale du temps en tant que facteur dans la production de richesse – le fait que la richesse et les valeurs d'usage de la richesse sont littéralement le fruit naturel de l'union spirituelle du temps avec le travail – a été complètement négligée, non seulement par les sciences économiques, mais par l' éthique , la jurisprudence et les autres branches du raisonnement spéculatif, tout au long de la longue période de l'enfance de l'humanité. Au cours des âges, on a en effet beaucoup « parlé » du temps, mais on n'a pas reconnu la signification fondamentale du temps comme étant essentielle dans la conception et dans la constitution même des valeurs humaines.

On dit souvent que « le temps, c'est de l'argent » ; l'affirmation est souvent fausse ; mais la proposition selon laquelle l'argent, c'est le temps est toujours vraie. Cela est toujours vrai dans le sens profond que l'argent est la mesure et le symbole de la richesse – le produit du temps et du travail – la cristallisation de la capacité humaine qui lie le temps. IL EST DONC VRAI QUE L'ARGENT EST UNE CHOSE TRÈS PRÉCIEUSE, LA MESURE ET LE SYMBOLE DU TRAVAIL – EN PARTIE LE TRAVAIL DES VIVANTS MAIS, POUR L'ESSENTIEL, LE TRAVAIL VIVANT DES MORTS.

Les lois de la nature sont suprêmes ; nous ne pouvons pas les changer ; nous pouvons nous en écarter pendant un certain temps, mais la fin est mauvaise. C'est la leçon que nous devons tirer de l'histoire de l'enfance de l'humanité. Les fausses conceptions de l'Homme – l'ignorance des lois de la nature humaine – nous ont donné des économies non scientifiques, une éthique non scientifique, des lois non scientifiques, une politique non scientifique, un gouvernement non scientifique. Ceux-ci ont fait de l'histoire humaine une histoire de cataclysmes sociaux – insurrections, guerres, révolutions – tristes témoignages non pas tant de la convoitise humaine que de l'ignorance humaine des lois de la nature humaine . Il n'y a qu'un remède, un seul espoir : une science et un art de l'ingénierie humaine basés sur la conception juste de l'humanité en tant que classe de vie limitée dans le temps et se conformant aux lois de la nature, y compris les lois de la nature humaine.

Chapitre VI
L'ère capitaliste

Le travail immortel réalisé par Descartes, Newton et Leibnitz a consisté à découvrir de puissantes méthodes mathématiques, le seul langage adapté pour exprimer les lois de la nature.

L'ingénierie humaine sera la science par laquelle les grands problèmes sociaux seront résolus. Pour la première fois depuis le premier jour de l'homme, l'humanité comprendra réellement sa propre nature et son statut ; et apprendra à diriger scientifiquement les forces vivantes et non vivantes pour la construction, en évitant les destructions et les gaspillages inutiles.

Cela peut paraître étrange, mais il est vrai que les pouvoirs exponentiels liés au temps, appelés humains, ne meurent pas – leurs corps meurent mais leurs réalisations vivent pour toujours – une source permanente de pouvoir. Tous nos biens précieux – la science acquise par l'expérience, la richesse accumulée dans tous les domaines de la vie – sont des valeurs d'usage cinétiques et potentielles créées et léguées par les générations passées ; ce sont des trésors de l'humanité produits principalement dans le passé et conservés pour notre usage, par cette fonction particulière ou ce pouvoir de l'homme qui consiste à lier le temps. Si la tendance naturelle de la vie et les progrès du développement de ce trésor sont si souvent freinés, détournés de leur cours naturel ou reculés, c'est à cause de l'ignorance de la nature humaine, de la spéculation métaphysique et du sophisme. Ceux qui, avec ou sans intention, maintiennent le rythme du progrès mental de l'humanité au niveau d'une progression arithmétique sont les véritables ennemis de la société ; car ils maintiennent les « sciences » et les institutions qui régulent la vie loin derrière le galop de la vie elle-même. La conséquence est une violence sociale périodique – guerres et révolutions.

Poussons un peu plus loin l'analyse des valeurs d'usage potentielles et cinétiques. Toutes les valeurs d'usage potentielles que nous ont laissées les morts sont temporelles et diffèrent par leur utilité. De nombreuses valeurs d'usage potentielles se trouvent dans les musées et ont aujourd'hui une valeur très limitée dans la vie pratique. En revanche, certaines routes ou cours d'eau construits par les anciens ont aujourd'hui une valeur d'usage ; et une liste presque infinie de valeurs d'usage potentielles modernes ont ou auront des valeurs d'usage pendant longtemps encore, comme les bâtiments, les terrains aménagés, les voies ferrées, certaines machines ou outils ; la valeur d'usage de certains de ces éléments de richesse matérielle durera plus d'une génération. Les valeurs d'usage cinétiques ont un caractère permanent, car, même si elles deviennent obsolètes, elles servent néanmoins de fondement aux développements qui les dépassent, et elles continuent ainsi à vivre dans ce à quoi elles conduisent.

J'aimerais attirer l'attention à ce stade sur l'une des valeurs d'usage cinétiques et potentielles les plus importantes produites par l'humanité : l'invention de la machine à vapeur. Grâce à cette invention, l'humanité a pu profiter non seulement des fruits vivants du labeur des hommes morts, mais aussi des quantités inconcevablement vastes d'énergie solaire et de temps liés à la croissance de la vie végétale et conservés pour être utilisés sous forme de charbon et d'autres combustibles d'origine végétale. Cette invention a révolutionné notre vie dans d'innombrables directions. Pour être bref, j'analyserai uniquement les effets les plus marquants. L'ingénierie humaine n'a jamais existé que sous sa forme la plus embryonnaire. Dans la haute antiquité, la conception et la connaissance du droit naturel étaient totalement absentes ou extrêmement vagues. Avant l'invention de la machine à vapeur, les hommes dépendaient principalement des puissances humaines – c'est-à-dire des « puissances vivantes » – les puissances des hommes vivants et les fruits vivants du travail des morts. Même à cette époque, les complications étaient nombreuses.

L'invention de la machine à vapeur a libéré pour l'usage humain une nouvelle puissance d'une ampleur considérable : la puissance emmagasinée de l'énergie solaire et des âges. Mais nous ne devons pas manquer de noter soigneusement que nous sommes aujourd'hui en mesure d'utiliser cet immense nouveau pouvoir d'énergie solaire et de temps lié par une invention humaine, un produit des morts.

La pleine signification de cette dernière affirmation nécessite réflexion. L'inventeur de la machine à vapeur , aujourd'hui décédé, n'aurait pas pu réaliser son ingénieuse invention sans utiliser les pouvoirs vivants d'autres hommes morts – sauf en utilisant la richesse matérielle et spirituelle ou mentale créée par ceux qui l'ont précédé. Dans l'équipement intellectuel de l'inventeur était activement présente la valeur d'usage cinétique du « temps limité », lui permettant de découvrir les lois de la chaleur, de l'eau et de la vapeur ; et il a utilisé à la fois les valeurs d'usage potentielles et cinétiques des instruments mécaniques, des méthodes de travail et des connaissances scientifiques de son époque et de sa génération – valeurs d'usage de la richesse créée par le génie et le labeur des générations passées. Cette invention n'a pas été réalisée, disons, il y a 6000 ans, parce que la civilisation n'était pas alors suffisamment avancée : mathématiquement considérée, la production de cette grande valeur d'usage a dû attendre tout le travail accumulé de six mille ans d'ingéniosité et de travail humain. Ainsi, si nous le choisissons, la machine à vapeur peut être considérée comme une valeur d'usage cinétique dans laquelle le facteur temps est égal à quelque chose comme 6 000 ans, ou disons environ 200 générations.

Il est évident que, au cours d'une seule vie, même un génie du plus haut niveau n'aurait pas pu, dans les conditions autochtones, inventer et construire une machine à vapeur, alors que tout, même le fer, était inconnu. Bien sûr, si le même inventeur avait pu avoir une vie de plusieurs milliers d'années et avoir suivi consécutivement tous les processus, sans être gêné par les préjugés de l' époque, et avoir été capable de réaliser toutes ces inventions par lui-même, il représenterait en lui-même tous les progrès de la civilisation.

Par cette illustration, nous voyons le sens profond des mots : les pouvoirs vivants des morts ; nous voyons la grave importance dans la vie humaine du facteur TEMPS ; nous voyons l'importance de la capacité de l'homme à lier le temps. La machine à vapeur est à revoir, comme pour l'essentiel la production accumulée du travail des hommes morts. La vie d'une génération est courte, et sans notre capacité humaine d'hériter du fruit matériel et spirituel du labeur des morts, de l'augmenter un peu dans le bref laps de temps de notre propre vie et de le transmettre à la postérité, la Le processus de civilisation ne serait pas possible et notre état actuel serait celui de l'homme autochtone. La civilisation est une créature, son créateur est le pouvoir de l'homme qui lie le temps. Les animaux ne l'ont pas, parce qu'ils appartiennent à un type ou une dimension inférieure de la vie.

Le sophisme ne sert à rien ici ; un enfant laissé dans les bois serait et resterait un sauvage, à la hauteur de celui des gorilles. Il ne devient un homme civilisé que par l'accumulation et la connaissance du travail des morts ; car alors et alors seulement il pourra recommencer là où la génération précédente s'est arrêtée. Cette capacité est particulière aux hommes ; le fait ne peut pas être répété trop souvent.

Il est faux de dire que *A* a commencé sa vie exclusivement grâce aux réalisations de (disons) son père, car les réalisations de son père dépendaient des réalisations de ses *prédécesseurs* immédiats ; et ainsi de suite tout au long de la vie de l'humanité. Ce fait, d'une importance éthique suprême, s'applique à nous *tous* ; aucun de nous ne peut parler ou agir comme si la richesse matérielle ou spirituelle que nous possédons avait été produite par nous ; car, si nous ne sommes pas stupides, nous devons voir que ce que nous appelons *notre* richesse, *notre* civilisation, tout ce dont nous utilisons ou jouissons, est en grande partie le produit du travail d'hommes aujourd'hui morts, les uns esclaves, les autres. » propriétaires » d'esclaves. La cuillère en métal ou le couteau que nous utilisons quotidiennement est le fruit du travail de nombreuses générations, y compris celles qui ont découvert le métal et son utilisation, ainsi que l'utilité de la cuillère.

Et ici se pose une question des plus importantes : puisque la richesse du monde est pour l'essentiel le don gratuit du passé – le fruit du travail des morts – à qui appartient-elle de droit ? La question ne peut être éludée. Le monopole existant sur les grands trésors hérités produits par le labeur des morts est-il une évolution normale et naturelle ?

Ou s'agit-il d'un statut artificiel imposé par quelques-uns au plus grand nombre ? Tel est le nœud de la controverse moderne.

Il est généralement connu que l'invention de la machine à vapeur et d'autres moteurs à combustion qui libèrent l'énergie solaire pour un usage mécanique a révolutionné le système économique ; pour construire des moteurs à l'échelle des besoins modernes, il est nécessaire de concentrer un grand nombre d'hommes vivants en un seul endroit, de construire des usines, d'installer des machines utilisées pour produire les moteurs, et tout cela nécessite l'utilisation de quantités considérables. d'argent. C'est pourquoi cette époque est appelée l'ère capitaliste. Mais il faut s'arrêter là et analyser les facteurs de valeur dans le moteur à fabriquer et dans l'argent utilisé pour utiliser les énergies emmagasinées du soleil. Nous avons constaté que la majeure partie du moteur et tous les facteurs liés à sa production sont la puissance combinée du travail des hommes morts. Nous avons découvert que la richesse ou le capital et son symbole, l'argent, sont aussi, pour l'essentiel, la puissance liée au travail des hommes morts ; de sorte que la seule façon d'obtenir le bénéfice de la libération de l'énergie solaire est d'utiliser le produit du labeur des morts. Il est en outre évident que seuls les hommes ou les organisations capables de concentrer les plus grandes sommes d'argent, représentant le travail des morts, peuvent utiliser pleinement les énergies emmagasinées du temps et du soleil antique. Ainsi, le monopole des énergies emmagasinées du soleil naît du monopole des fruits accumulés du labeur des hommes morts. Ces problèmes seront, à l'avenir, la préoccupation de la science et de l'art de l'ingénierie humaine.

Examinons brièvement les problèmes sous un autre angle . La puissance développée lors de la combustion d'une livre de charbon est théoriquement égale à 11,580,000 pieds -livres. Mais nos méthodes d'utilisation imparfaites ne permettent pas de disposer de plus de 1 500 000 pieds -livres. Il s'agit de la quantité de puissance physique exercée par un homme de force ordinaire au cours d'une journée de travail. Ainsi, 300 livres de charbon représenteront le travail d'un homme pendant un an. La production actuelle de charbon dans le monde est d'environ 500 000 000 de tonnes (1906). Si nous supposons que la moitié seulement de ce charbon est destinée à un usage mécanique, cela nous donnera environ 1.600.000.000 de personnes qui sont productrices mais non consommatrices.

Prenons une vision encore plus large des ressources ; nous avons environ 1 600 000 000 d'êtres humains vivants (tous les recensements disponibles entre 1902 et 1906) ; une richesse d'environ 357 000 000 000 $ (*Social Progress* , 1906, page 221) qui, dans notre analyse, est l'œuvre d'hommes morts ; et une puissance solaire égale, en travail, au travail de toute notre population vivante, ou égale à 1 600 000 000 de puissances solaires humaines. En prenant, par souci de simplicité, 35,70 dollars comme frais de subsistance moyens par an pour chacun des pays du *monde.* population , nous aurons :

(1) 1 600 000 000 d'hommes vivants.

(2) 10 000 000 000 de forces humaines vivantes des morts.

(3) 1 600 000 000 de forces humaines solaires.

Une telle classification nécessite une réflexion : l'homme est intrinsèquement une puissance exponentielle croissante et produit toujours deux valeurs d'usage : la potentielle et la cinétique. Tous les hommes vivants possèdent, à un certain degré, ce type de pouvoir ; *ils sont capables de diriger et d'utiliser les pouvoirs de base .*

donc que ce monde est réellement peuplé aujourd'hui de trois populations différentes, toutes dynamiques et actives : à savoir, 1 600 000 000 d'hommes vivants ; 10 000 000 000 de forces humaines vivantes des morts ; 1 600 000 000 de puissances solaires.

donc évident, au-delà de tout argument, *que cette* population supplémentaire productrice mais non consommatrice a été produite principalement par le travail de toutes nos générations passées. On dit « principalement » parce que si nous étions la première génération, nous ne serions que des sauvages aborigènes n'ayant rien et progressant très lentement. La raison pour laquelle nous progressons très rapidement, à ce stade de la civilisation, s'explique très clairement par la loi mathématique d'une progression géométrique, avec un nombre toujours croissant de termes, la grandeur des termes augmentant toujours plus rapidement. [11]

C'est la raison pour laquelle l'ancien système social non scientifique et artificiel nécessite et doit subir une transformation profonde. Le progrès humain, dans de nombreuses directions, est si avancé que les institutions sociales ne peuvent plus rester longtemps à la traîne. L'éthique statique, la jurisprudence statique, l'économie statique et tout le reste doivent devenir dynamiques ; s'ils ne continuent pas à progresser pacifiquement, conformément à la loi du progrès de la science, ils seront contraints à des réajustements violents, de plus en plus fréquents.

Nous sommes ici confrontés à un problème d'une très haute importance et d'une ampleur énorme. Pour servir 1 600 000 000 d'hommes vivants, nous avons 11 600 000 000 de puissances humaines mortes et toutes les puissances humaines solaires – SEPT SERVITEURS POUR CHAQUE HOMME, FEMME ET ENFANT VIVANT. inclus . On dirait le millénaire. Il en serait ainsi si nous utilisions tout ce pouvoir de manière constructive, en éliminant le gaspillage, les controverses et tous les facteurs qui entravent la production et le progrès. Le système économique actuel ne réalise même pas le début de l'ampleur de cette vérité et des résultats énormes qui doivent être obtenus grâce à son ajustement. Le problème sera résolu par l'Ingénierie Humaine, car celle-ci établira la juste compréhension des valeurs et montrera comment gérer scientifiquement les problèmes mondiaux ; elle donnera un fondement scientifique à l'économie politique et transformera la soi-disant « gestion d'atelier scientifique » en une véritable « gestion scientifique du monde ». [12]

Il y a un gouffre entre le « Capital » et le « Travail », mais la nature ne connaît pas du tout le « Capital » ou le « Travail » . La nature ne connaît que la matière, l'énergie, « l'espace ». « le temps », les valeurs d'usage potentielles et cinétiques, les forces dans toutes leurs expressions directes et indirectes, les énergies des hommes vivants, les pouvoirs vivants des hommes morts et les pouvoirs liés du Temps et de l'ancien Soleil. La nature a fait de l'homme une fonction exponentielle croissante du temps, un fixateur de temps, une puissance capable de transformer et de diriger les pouvoirs fondamentaux. Parfois, nous aimons hypocritement nous faire des illusions, si nos illusions sont agréables et rentables. Nous appelons le travail humain « travail manuel » et nous prétendons avoir besoin du travailleur pour son service musculaire, mais lorsque nous parlons ainsi, nous sommes irréfléchis, stupides ou peu sincères. Ce que l'on recherche chez le travailleur, c'est sa *maîtrise* de ses muscles ; le travail mécanique est ou peut être presque entièrement remplacé par des machines. Ce que nous ne pourrons jamais remplacer par la machine, c'est un Homme, car l'homme appartient au niveau d'une dimension supérieure à la machine. La puissance motrice, la force humaine solaire et le capital – principalement le travail des morts – sont inanimés ; ils ne deviennent productifs que lorsqu'ils sont stimulés par les énergies temporelles des hommes et des femmes vivants. Alors seulement, les résultats seront proportionnels à l' ampleur toujours croissante de la puissance exponentielle. Dans l'économie naturelle, les facteurs qui limitent le temps sont les forces intelligentes. Nous n'en connaissons aucun autre, et du point de vue de l'ingénieur, Edison et le plus simple des ouvriers, Smith ou Jones, sont fondamentalement les mêmes ; leurs pouvoirs ou capacités sont exponentiels et, bien que différents en degré, sont de même nature. Cela peut paraître optimiste, mais tous les ingénieurs sont optimistes. Ils ne traitent que des faits et de la vérité. S'ils commettent des erreurs, si leurs ponts s'effondrent, alors, aussi intelligents que soient leurs sophismes, ils sont jugés criminels. La même sévérité doit devenir la règle et la pratique envers tous ceux qui contrôlent les institutions et les grandes affaires de la société humaine. Les pannes périodiques doivent être évitées. Les ingénieurs de la société humaine doivent être tenus responsables, comme l'est aujourd'hui l'ingénieur des ponts.

Les choses sont souvent plus simples qu'il n'y paraît à première vue. Il peut y avoir du feu et beaucoup de charbon dans un poêle, mais pas de chaleur ; le feu ne brûle pas bien ; un ingénieur éliminera les causes naturelles d'obstruction du processus naturel ; même une chose aussi simple que l'enlèvement des cendres peut résoudre le problème. Cela semble assez simple. La vérité est souvent claire et simple, pour peu qu'elle ne soit pas obscurcie et compliquée par le sophisme.

« capitaliste » et raisonnement « socialiste » : la nature ne connaît pas de telles choses. La nature n'a qu'un seul « raisonnement » dans toutes ses fonctions. Notre falsification des lois de la nature suscite la controverse. Le socialisme existe en tant *qu'isme* parce que le capitalisme existe en tant *qu'isme* ; le choc n'est qu'une expression de la loi éternelle de l'action et de la réaction.

Nous vivons dans un monde de richesse, un monde enrichi par de nombreuses générations de labeur d'hommes morts ; entre le désir de l'un de *garder* et le désir des autres d' *obtenir*, il n'y a pas grand-chose à choisir ; De telles luttes entre la luxure et la luxure sont *inhumaines* et animales ; une telle éthique est l'éthique zoologique – la droiture des dents et des griffes ; en dessous des dimensions humaines de la vie, totalement indignes de l'énergie créatrice – de la capacité de lier le temps – de l'humanité. Le socialisme sent profondément et voit vaguement que les affaires humaines ne sont pas conduites conformément aux lois naturelles. Le capitalisme ne le voit pas et ne le ressent pas vraiment. Ni le ni l'un ni l'autre ne s'arrête pour étudier scientifiquement les lois naturelles – les lois de la nature – les lois de la nature humaine. Ils utilisent tous les deux les mêmes méthodes spéculatives dans leurs arguments, et il ne peut y avoir aucun problème. À un argument spéculatif démodé, il existe toujours une réponse spéculative. Ils parlent tous les deux de la vérité, mais leurs méthodes ne parviennent pas à trouver la vérité ni leur langage à l'exprimer. Ils parlent de « justice » « bien » et ainsi de suite, sans savoir que leurs conceptions de ces termes sont basées sur une mauvaise compréhension des valeurs. Il n'y a qu'un seul remède, et ce remède consiste à appliquer la méthode scientifique à l'étude du sujet. Un raisonnement solide, une fois introduit, envahira l'humanité alors que les champs verdissent au printemps ; cela éliminera le gaspillage d'énergie dans les controverses ; il attirera toutes les forces vers la construction et l'exploitation de la nature pour le bien commun.

Il y a des capitalistes et des capitalistes ; il y a des socialistes et des socialistes. Parmi les capitalistes, il y a ceux qui veulent pour eux-mêmes la richesse, principalement le fruit du labeur d'hommes morts. Parmi les socialistes, il y en a, les socialistes orthodoxes, qui cherchent à la disperser. Les premiers ne se rendent pas compte que le produit du travail des morts est lui-même mort s'il n'est pas vivifié par les énergies des hommes vivants. Les socialistes orthodoxes ne perçoivent pas les énormes bénéfices que l'humanité tire de l'accumulation de richesses, si elle *est utilisée à bon escient* .

Que nous soyons capitalistes, socialistes ou ni l'un ni l'autre, nous devons apprendre que s'attaquer au trésor laissé par les morts, c'est vivre, non pas la vie d'un être humain, mais celle d'une *goule* . Le titre légaliste – la propriété documentaire – ne change rien au fait. La convoitise non plus.

Lorsque nous aurons acquis la juste conception de ce qu'est un être humain, nous nous éloignerons de la conception romaine selon laquelle un être humain est *instrumentum vocal* ; un animal, *instrumentum semivocale* : et un outil, *instrumentum mutum* . Considérer les êtres humains comme des outils – comme des instruments – à l'usage d'autres êtres humains n'est pas seulement non scientifique, mais c'est aussi répugnant, stupide et à courte vue. Les outils sont fabriqués par l'homme mais n'ont pas l'autonomie de leur créateur – ils n'ont pas la capacité de l'homme à s'initier, à s'auto-diriger et à s'améliorer. Dans leur propre nature, les outils, les instruments et les machines appartiennent à une dimension bien inférieure. que celui de l'homme.

Parler de dimensions ou de dimensionnalité n'est en aucun cas un déchet théorique. La bonne compréhension des dimensions est d'une importance vitale dans la vie pratique. Le mélange des dimensions conduit à de fausses conclusions dans notre pensée et de fausses conclusions conduisent à des désastres.

Considérez les classes de vie comme représentant trois dimensions (comme expliqué dans un chapitre précédent), alors la production humaine appartient essentiellement à l'humain ou, comme je l'appelle, à la troisième dimension. Avec la base de (disons) 5, nous produisons dans la troisième dimension un résultat de 125 unités, et ainsi lorsque les humains ne sont payés que 25 unités conformément aux normes de la deuxième dimension (celle des animaux), l'humanité est privée du bénéfice de 100 unités de richesse produite. C'est une illustration du rôle que jouent les dimensions dans la vie pratique. Le lecteur réfléchi peut analyser par lui-même quel effet auraient ces mêmes règles, si elles étaient exprimées et appliquées dans la dimension humaine « temporelle » , le temps étant le test suprême. Le tableau suivant donne le choc visuel :

1ère Dimension	2ème Dimension	3ème Dimension
5	25	125
dix	100	1 000
100	10 000	1 000 000
1 000	1 000 000	1 000 000 000

Ceci explique pourquoi le mélange des dimensions est la source d'un mal immense.

Qui peut désormais affirmer que le problème des dimensions n'est qu'un problème de théorie ? Ce n'est même pas une question de limitation de l'esprit, mais cela devient une question de limitation de la vue, de ne pas être capable de voir les énormes différences entre les lois du développement de la première, de la deuxième et de la troisième dimension.

Les dollars, ou les livres sterling, ou d'autres unités monétaires suivent les mêmes règles : la force, et en fait la source du pouvoir du capitalisme moderne, réside précisément dans cette différence de dimensions – dans la différence entre ce qui est donné et ce qui est pris. dans la différence entre ce qui est gagné et ce qui est « fait ». Le problème des dimensions est donc une clé qui révèle les secrets du pouvoir du capitalisme et ouvre la porte à une nouvelle civilisation où la compréhension des dimensions établira l'ordre dans le chaos.

Nous avons vu que les valeurs d'usage cinétiques et potentielles, produites principalement par les morts, sont liées à la richesse, qui est mesurée et symbolisée par l'argent. Ceci étant vrai, il est évident que l'argent est une mesure et un symbole de pouvoir, de travail accompli, de temps imparti.

La norme *animale de* la miscivilisation , qui lie *l'espace* , nous a conduit dans une impasse – une impasse – pour la simple raison physique qu'il n'y a plus d'espace pour « lier ». Pratiquement toutes les terres habitables et pratiquement toutes les ressources naturelles sont déjà réparties entre des propriétaires légalistes privés. Quel espoir y a-t-il pour une population toujours croissante ?

Mais nous avons ces 1.600.000.000 d'hommes vivants ; 10 000 000 000 de forces humaines vivantes des morts ; et 1 600 000 000 de puissances humaines solaires : c'est en effet une puissance énorme pour PRODUIRE DES RICHESSES POUR TOUS, SI ELLE EST SAGEMENT DIRIGÉE , mais aujourd'hui, elle est mal dirigée par l'ignorance et la honte , parce que les êtres humains ne sont pas traités conformément à leur nature en tant qu'organismes temporels. classe de vie.

Il y a beaucoup plus à gagner en exploitant la nature de manière ciblée, à tout moment, avec une pleine mobilisation de nos forces vivantes, mortes et solaires, qu'en exploitant l'homme à tout moment et la nature de temps en temps. L'égoïsme et l'ignorance sont-ils ceux-là qui empêchent la pleine mobilisation des puissances productrices du monde ?

Ceux qui contribuent le plus au progrès humain et à l'illumination humaine – des hommes comme Gutenberg, Copernic, Newton, Leibnitz, Watts, Franklin, Mendeleieff , Pasteur, Sklodowska -Curie, Edison, Steinmetz, Loeb, Dewey, Keyser, Whitehead, Russell, Poincaré , William Benjamin Smith, Gibbs, Einstein et bien d'autres ne consomment pas plus de pain que le plus simple de leurs semblables. En fait, ces hommes sont souvent dans le besoin. Combien de génies ont péri sans pouvoir s'exprimer parce qu'ils étaient incapables de supporter la tension des conditions sociales où prédominent les normes animales et où la « survie du plus fort » signifie non pas la survie du « plus fort dans la capacité de s'imposer dans le temps », mais la survie du plus fort dans la cruauté et la brutalité. ruse – dans une compétition spatiale !

La richesse est produite par ceux qui travaillent avec leurs mains ou leur cerveau et par personne d'autre. La grande majorité des richesses mondiales a donc été produite par des générations disparues. Nous savons que les plus grands producteurs de richesses – infiniment les plus grands – ont été et sont toujours des scientifiques, des découvreurs et des inventeurs. Si une invention, quelques années après sa réalisation, doit devenir propriété publique, alors la richesse produite par l' *utilisation* de l'invention devrait également devenir propriété publique au cours d'une période similaire d'années après sa production. . Aucun sophisme ne peut prévaloir contre cette proposition.

L'une des plus grandes puissances des temps modernes est la presse ; il contrôle les ressources de l'espace et du temps ; elle affecte de mille manières subtiles la forme de nos pensées. Il contrôle l'échange d'informations à travers le monde. Malheureusement, la presse est souvent contrôlée par des exploiteurs des « forces vivantes des morts », et ainsi ce qui est présenté comme une nouvelle est souvent si limité, coloré et déformé par des intérêts égoïstes qu'il s'agit d'un mensonge sous couvert de vérité. Les journaux honnêtes et indépendants sont souvent affamés par des conspirateurs égoïstes et contraints de fermer leurs portes. Ainsi, la presse, qui est elle-même le produit du travail des morts, devient un moyen de tromperie et d'exploitation des vivants. En effet, les paroles amères de Voltaire semblent trop vraies : « Depuis que Dieu a créé l'homme à son image, combien de fois l'homme s'est efforcé de rendre un service semblable à Dieu. » Ceux qui veulent utiliser de tels pouvoirs « semblables à ceux de Dieu » pour gouverner le monde sont les Néron modernes , qui, dans leur méchanceté et leur folie, se croient divins. Tromper , et par la tromperie, exploiter, voler et asservir des hommes et des femmes vivants, et le faire en prostituant les puissances vivantes créées par les morts, est l'œuvre, je ne dirai pas des hommes, mais d'hommes fous, avares , ignorant et aveugle. Quel est le remède ? Révolution? La révolution est aussi folle. Le seul remède est l'illumination — la connaissance, la connaissance de la nature, la connaissance de la nature humaine, l'éducation scientifique, la science appliquée à toutes les affaires de l'homme — la science et l'art de l'ingénierie humaine.

Chapitre VII
: La survie du plus fort

L'humanité est une affaire dynamique, voire la plus dynamique connue, car elle est capable de transformer et de diriger les pouvoirs fondamentaux. Là où l'électricité est produite, il doit y avoir un problème. Le pouvoir doit nécessairement s'exprimer sous une forme ou une autre. L'électricité produite dans le ciel s'échappe de manière souvent désastreuse . L'électricité, produite de manière ciblée, fait fonctionner nos chemins de fer ; de même, l'énorme puissance produite par l'humanité doit être utilisée de manière ciblée, de manière constructive, sinon elle éclatera en insurrections, révolutions et guerres.

Jusqu'à présent, nous avons été guidés par ces sciences sans fond qui n'avaient que des idées mythologiques sur le pouvoir – par des idées façonnées par des ambitions personnelles, des intérêts personnels ou une pure ignorance. Périodiquement, nous avons subi tous les maux liés à l'absence d'un objectif commun et d'une orientation scientifique. Le pouvoir a été détenu par ceux qui étaient « donnés par Dieu » ou « les plus intelligents » ; rarement le pouvoir a été donné au « plus apte » , au sens du plus capable de « faire ». Ceux qui parlent de la « survie du plus fort », comme dans la théorie darwinienne des animaux, aboient un langage animal. Cette règle, qui n'est naturelle que dans la vie des plantes et des animaux et appropriée uniquement aux formes inférieures de la vie physique, ne peut, sauf avec un profond changement de sens, être appliquée à la classe de vie limitée dans le temps, sans désastre.

La vaste accumulation moderne de richesses à des fins privées se justifie en utilisant l'argument de la « survie du plus fort ». Eh bien, là où il y a une « survie », il doit y avoir des victimes ; là où il y a des victimes, il y a des combats. Est-ce ce que veulent dire les utilisateurs de cet argument ? Comme le Kaiser, ils parlent de paix et font la guerre. Cette façon de faire n'a rien de nouveau. Le monde y est habitué depuis très longtemps.

Personnellement , je crois que la plupart des maîtres des semi-sciences spéculatives, comme l'économie, le droit, l'éthique, la politique et le gouvernement, sont honnêtes dans leurs croyances et leurs spéculations. Tout simplement, l'homme juste croit en la mauvaise chose ; si on lui montre le bon chemin pour sortir du pétrin, il cessera d'entraver le progrès ; il sera de la plus grande valeur pour le nouveau monde construit par les ingénieurs humains, où les capacités humaines, fonctions exponentielles du temps, fonctionneront naturellement ; où l'économie, le droit, l'éthique, la politique et le gouvernement seront *dynamiques* et non *statiques* . Il y a un monde de différence entre ces deux mots.

L'objet immédiat de cet écrit est de montrer la manière de diriger les pouvoirs de l'humanité qui fixent le temps pour le bénéfice de tous. La technologie humaine, en tant qu'art et science, n'existe pas encore ; certains principes de base étaient nécessaires pour fonder une telle science. Il était particulièrement nécessaire d'établir un standard *humain*, et ainsi de rendre clair et certain que les « espaceurs » – les membres du monde *animal* – sont « en dehors de la loi humaine » – en dehors des lois naturelles pour la classe humaine de la vie. .

La civilisation actuelle est une affaire très compliquée ; Même si bon nombre de nos problèmes sociaux sont très mal gérés, des changements soudains ne pourraient avoir lieu sans mettre en danger le bien-être et la vie de toutes les classes de la société. En attendant, des changements doivent être apportés parce que le monde ne peut plus avancer longtemps dans les conditions d'avant-guerre ; ils ont été trop bien exposés par les faits pour que l'humanité se laisse à nouveau guider aveuglément.

Au cours de la guerre mondiale, l'humanité a traversé une terrible épreuve et a été soumise pendant ces années à une vaste campagne de mobilisation. La nécessité d'accroître le pouvoir était manifeste ; l'importance d'une base ou d'un objectif commun est devenue tout aussi manifeste. Dans ce cas, la base, l'objectif commun, se trouvait dans le « patriotisme de guerre ». Ce socle commun a permis à tous les États de cumuler les pouvoirs individuels et de fonder un pouvoir *collectif avec une efficacité maximale*. Cette expression est utilisée non seulement comme vérité sociale, mais comme vérité mathématique connue. Ces idéaux élevés, qui ont été exprimés « Urbi et orbi » dans des milliers de discours et dans des millions de journaux de propagande, avaient une importance éducative et une influence bien plus grandes que la plupart des gens ne le pensent. Les gens ont été éveillés et ont acquis le goût de ces objectifs supérieurs qui, dans le passé, n'étaient accessibles qu'à quelques-uns.

De nombreuses vieilles idoles, idées et idéaux usés sont tombés ; mais qu'est-ce qui va les remplacer ? Nous assistons à des troubles qui ne seront pas éliminés tant que des mesures essentielles ne seront pas prises pour y remédier. Le calme annonce souvent l'arrivée d'une tempête. La tempête à venir n'est pas l'œuvre d'un « mauvais homme », mais elle est la conséquence inévitable d'un « mauvais système ». Il est dangereux de se cacher la tête dans le sable, comme une autruche, et de croire qu'on est en sécurité.

La « survie du plus fort » au sens animal couramment utilisé n'est pas une théorie ou un principe pour un être « lié au temps » . Cette théorie ne concerne que les corps physiques des animaux ; son effet sur l'humanité est sinistre et dégradant (voir App. II). Nous voyons le principe à l'œuvre autour de nous dans l'exploitation criminelle et le profit. En fait, l'application séculaire de ce principe animal aux affaires humaines a dégradé le moral humain tout entier d'une manière inconcevable. L'avidité personnelle et l'égoïsme sont ouvertement considérés comme des principes de conduite. Nous haussons les épaules en signe d'acquiescement et proclamons que l'avidité et l'égoïsme sont au cœur même de la nature humaine , prenons tout cela pour acquis et laissons cela de côté. Nous sommes allés si loin dans notre dégradation que le prophète des principes capitalistes, Adam Smith, dans son célèbre *Richesse des Nations* , arrive aux lois de la richesse, non pas à partir des phénomènes de richesse ni à partir de déclarations statistiques, mais à partir des phénomènes d'égoïsme. un fait qui montre à quel point la théorie selon laquelle les êtres humains sont des « animaux » a une influence désastreuse sur toute l'humanité . Bien entendu, l'effet est très désastreux. Les chapitres précédents ont montré que la théorie est fausse ; c'est faux, non seulement à cause de ses effets malheureux, mais encore cela dément la nature caractéristique de l'homme. La nature humaine, ce pouvoir qui lie le temps, a non seulement la capacité particulière de progresser perpétuellement, mais elle possède, au-delà de toutes les propensions animales, certaines qualités qui en font une dimension ou un type de vie distinctif. Non seulement notre vie collective tout entière prouve notre amour pour des idéaux plus élevés, mais même nos morts nous *donnent* le riche héritage, matériel et spirituel, de tous leurs labeurs. Il n'y a rien de mystique là-dedans ; qualifier une TELLE classe de classe *naturellement* égoïste est non seulement absurde mais monstrueux.

Cette capacité à atteindre des idéaux plus élevés ne trouve pas son origine dans un facteur extérieur « *surnaturel* » ; elle *n'est pas* d'origine étrangère, elle est l'expression de l'élément temporel que nous possédons *de manière inhérente* , indépendamment de notre « volonté » ; c'est une capacité innée - un *don* de la nature. Nous sommes simplement faits de cette façon et pas d'une autre. Il existe en effet un sens subtil dans lequel nous pouvons, si nous le souhaitons, appliquer l'expression « survie du plus apte » à l'activité des énergies de l'homme qui fixent le temps. Ayant la capacité particulière de survivre dans nos actes, nous avons tendance à l'utiliser et nous survivons dans les actes de notre création ; et ainsi se produit la « survie dans le temps » d'idéaux de plus en plus élevés. Dès l'instant où nous considérons l'Homme dans sa propre dimension — actif dans LE TEMPS — ces choses deviennent simples, prodigieuses et belles.

> « Notez le caractère radical de la transformation à opérer
> . Le monde ne sera plus considéré comme une chose
> étrangère, vu par des yeux qui ne sont pas les siens. La
> conception du tout et par le tout *nous* englobera comme
> *faisant partie* , réellement, littéralement, consciemment,
> comme le dernier terme, peut-être, d'une séquence

progressive de développements, occupant peut-être le rang le plus élevé dans la hiérarchie toujours ascendante de l'être. , mais, en tout cas, comme *une natura naturata* émergée et toujours émergente d'une source intérieure propensive . J'admets que le changement de point de vue est difficile à opérer — les vieilles habitudes, comme des parois rocheuses, tendent à confiner les courants de conscience dans leurs canaux habituels — mais il peut être obtenu et, par un effort assidu, au cours du temps. , entretenu. Supposons que ce soit fait. Par cette réunion, le tout retrouve, tandis que la partie conserve, la conscience que celle-ci a volée... Dans tout l'univers des événements, rien n'est plus merveilleux que la naissance de l'émerveillement, aucun n'est plus curieux que la naissance de la curiosité elle-même, rien n'est plus merveilleux que la naissance de l'émerveillement. à comparer avec l'aube de la conscience dans l'obscurité ancienne et l' extension progressive de la vie psychique et de l'illumination à travers un cosmos qui auparavant n'était qu'un *cosmos* . Une éternité d'existence inconsciente agissant aveuglément, se transformant, assumant enfin, à travers la naissance des sens et de l'intellect, sans perte ni rupture de continuité, la forme permanente du temps éphémère. (CJ Keyser, loc. cit.)

Il faut souligner que le développement d'idéaux supérieurs est dû à la capacité *naturelle* de l'humanité ; l'impulsion est simplement une impulsion temporelle. Comme nous l'avons vu, en analysant les fonctions des différentes classes de vie, chaque classe de vie a une impulsion pour exercer sa capacité ou sa fonction particulière. L'azote résiste aux combinaisons de composés et s'il se trouve dans de telles combinaisons, il se décompose aussi rapidement que possible. Les oiseaux ont des ailes : ils volent. Les animaux ont des pieds : ils courent. L'homme a la capacité de lier le temps : il lie le temps. Peu importe que nous comprenions ou non « l'essence » même du phénomène, pas plus que nous ne comprenons « l'essence » de l'électricité ou toute autre « essence ». La vie montre que l'homme a la capacité de lier le temps, un don naturel et qu'il est naturellement poussé à l'utiliser. L'un des meilleurs exemples est celui de la procréation. La conception est un phénomène totalement incompréhensible dans son « essence », néanmoins, ayant la capacité de procréer, nous l'utilisons sans nous soucier de son « essence ». En effet , ni la vie ni la science ne se soucient des « essences » — elles laissent les « essences » à la métaphysique, qui n'est ni la vie ni la science. Il suffit pour notre propos que l'idéalisation soit en fait un processus naturel d'énergie humaine limitée dans le temps. Et même si l'éthique est imparfaite en raison de la prédominance des normes animales, des mérites tels que notre éthique témoignent de la présence naturelle de « l'idéalisation » dans la vie humaine, qui est limitée dans le temps.

« Il est donc évident que les idéaux ne sont pas des choses sur lesquelles on se réjouit ou qui font soupirer et sentimentaliser ; ils ne sont pas ce qui resterait si ce qui est dur en réalité était supprimé ; les idéaux sont eux-mêmes le silex même de la réalité, beau sans doute et précieux, sans lequel il n'y aurait ni dignité, ni espoir, ni lumière ; mais leur aspect n'est pas sentimental et doux ; c'est dur, froid, intellectuel, logique, austère. L'idéalisation consiste dans la conception ou l'intuition d'idéaux et dans la poursuite de ceux-ci. Et les idéaux, je l'ai dit, sont de deux sortes. Rendons la distinction plus claire. Chaque type d'activité humaine – ferrer les chevaux, chirurgie abdominale ou peindre des profils – admet un type particulier d'excellence. Aucune sorte d'activité ne peut échapper à son propre type, mais à l'intérieur de son type, elle admet une amélioration indéfinie. Pour chaque type, il existe un idéal – un rêve de perfection – une limite inatteignable d'une séquence infinie d'améliorations potentielles au sein du type et à son niveau. Les rêves de perfections aussi inaccessibles sont aussi innombrables que les types d'excellence auxquels ils appartiennent respectivement et constituent ensemble le monde familier de nos idéaux humains. Y participer – ressentir l'attrait de la perfection dans un ou plusieurs types d'excellence, aussi modeste soit-elle – c'est être humain ; ne pas le ressentir, c'est être un sous-humain. Mais cette forme commune d'idéalisation, bien qu'elle soit très importante et très précieuse, ne produit pas les grands événements de la vie de l'humanité. Celles-ci sont produites par le type d'idéalisation qui correspond à ce que nous avons appelé dans le prototype mathématique, la généralisation engendrée par les limites – une sorte d'idéalisation propre au génie créateur et qui, non contente de poursuivre des idéaux au sein de types d'excellence établis, crée de nouveaux types dans la science, dans l'art, dans la philosophie, dans les lettres, dans l'éthique, dans l'éducation, dans l'ordre social, dans tous les domaines et formes de la vie spirituelle de l'homme. (Cité du manuscrit du prochain livre, *Mathematical Philosophy* , de Cassius J. Keyser.)

La « survie du plus fort » prend une forme différente selon les classes de la vie. Appliquer des normes animales à des êtres limités dans le temps, c'est comme appliquer des pouces pour mesurer le poids. En fait , nous ne pouvons pas élever une classe à une classe supérieure, à moins d'ajouter une fonction entièrement nouvelle à la première ; nous ne pouvons qu'améliorer leur statut inférieur ; mais si nous appliquons la méthode inverse, nous pouvons dégrader les normes humaines au niveau des normes animales.

Les standards animaux appartiennent à une classe de vie dont la capacité *n'est pas* une fonction *exponentielle du Temps* . Il n'y a rien de théologique ou de sentimental dans ce fait ; c'est une vérité purement mathématique.

Il est fatal d'appliquer la théorie de la « survie du plus fort » dans le même sens à deux classes de vie radicalement différentes. La « survie du plus apte » pour les animaux – pour les relieurs *de l'espace* – est la survie *dans l'espace* , ce qui signifie combats et autres formes brutales de lutte ; d'autre part, la « survie du plus apte » pour les êtres humains *en tant que tels* – c'est-à-dire pour *ceux qui fixent le temps* – est la survie *dans le temps* , ce qui signifie compétition intellectuelle ou spirituelle, lutte pour l'excellence, pour réussir . *mieux* survivre. Les plus forts dans le temps – ceux qui font survivre les meilleurs – sont ceux qui font le plus pour produire des valeurs pour toute l'humanité, y compris la *postérité* . C'est la base scientifique de l'éthique naturelle, une éthique à laquelle il est impossible de se soustraire ou d'échapper.

Par conséquent, les limiteurs de temps ne peuvent pas utiliser la logique « *animale* » sans se dégrader de leur propre statut d'êtres humains – leur statut tel qu'établi par la nature. La logique « animale » mène à l'éthique « animale » et à l'économie « animale » ; cela conduit inévitablement à un système industriel brutalisé dans lequel la ruse parvient à voler aux vivants le fruit des morts.

humaine renvoie à l'éthique humaine et à l'économie humaine ; elle conduira à un système industriel humanisé dans lequel la compétition sera une compétition en science, en art, en justice : une compétition et une lutte pour atteindre l'excellence dans la vie humaine. La capacité de lier le temps, qui se manifeste en puisant dans le PASSÉ , à travers le PRÉSENT pour l' AVENIR , donne à l'être humain les moyens d'atteindre une forme précieuse d'immortalité ; cela leur permet d'accomplir la loi de leur propre classe de vie et de survivre éternellement grâce aux fruits de leur labeur, une bénédiction perpétuelle pour des générations infinies d'enfants des hommes. C'est la vérité que nous reconnaissons instinctivement lorsque nous qualifions un grand homme d' « immortel ». Nous voulons dire qu'il a accompli des actes qui *survivent dans le temps* pour le bien perpétuel de l'humanité.

La logique humaine – la logique mathématique, la logique *naturelle* de l'homme – nous montrera ainsi que « bon » , « juste » et « juste » doivent voir leur signification définie et comprise entièrement en termes de *nature humaine* . La nature humaine – et non la nature animale – doit être la base et le guide de l'ingénierie humaine. Ainsi basée et guidée, l'ingénierie humaine éliminera les « intrigants sauvages », les joueurs et les « politiciens ». Elle mettra fin à la violence industrielle, aux grèves, aux insurrections, aux guerres et aux révolutions.

Le système actuel de vie sociale repose en grande partie sur des idées fausses ou des fausses déclarations. Pour tout travail, nous avons besoin du cerveau humain, du pouvoir humain qui fixe le temps, et pourtant nous continuons à l'appeler « travail manuel » et à le traiter comme tel. Même en science mécanique, dans l'utilisation du terme « chevaux-vapeur », nous avons tort dans cette expression. A quoi ressemble ce « cheval » en réalité ? Analysons ce « cheval ». Toute science, tous les appareils mécaniques ont été produits par « l'homme » et l'homme seul. Tout ce que nous possédons est la production du travail d'hommes morts ou d'hommes vivants. L'asservissement de la main-d'œuvre solaire est purement une invention humaine en théorie et en pratique. Tout ce que nous avons est donc évidemment un produit à durée de vie limitée. Quelle absurdité parfaite que d'appeler une réalisation purement humaine l'équivalent de tant de choses « puissance en chevaux » ! Bien sûr, le nom que nous donnons à une unité de puissance n'a pas d'importance mathématique ; nous pouvons l'appeler un Zeus ou un Zèbre ; mais il y a une implication très vicieuse à utiliser le nom d'un animal pour désigner un produit purement humain. Tout dans notre civilisation a été produit par L'HOMME ; il semble tout à fait raisonnable que cette unité de pouvoir, qui est le produit direct du travail de l'homme, porte correctement son nom. L'effet éducatif serait sain et formidable. La valeur humaine du travail serait ainsi sans cesse soulignée et le respect du travail humain serait enseigné dès le début dans les écoles. Cette unité « cheval-vapeur » nous fait oublier la part humaine qu'elle contient et dégrade le travail humain au rang de marchandise. C'est un exemple de l'influence dégradante de conceptions erronées et d'un langage erroné. J'ai dit « éducatif » parce que même notre subconscient en est affecté. (Voir App. II .)

L'ingénierie humaine n'interférera avec aucune recherche scientifique ; au contraire, cela le favorisera de plusieurs manières. Il faut espérer que les adultes mettront un terme à l'absurdité du mélange des dimensions, pour laquelle nous châtions les enfants. C'est le même genre d'erreur que lorsque nous mélangeons des phénomènes – mesurer « Dieu » selon les normes humaines, ou les êtres humains selon les normes animales. La relation, s'il y en a, entre ces phénomènes ou le chevauchement de différentes classes , est intéressante et importante ; mais en étudiant de tels rapports de classes, il est fatal de mélanger les classes ; par exemple, si l'on étudie les relations entre surfaces et solides, il est fatal de confondre solides et surfaces ; il en va de même si nous confondons bêtement les humains avec les animaux.

Dans la réalité de la vie, nous ne nous intéressons qu'aux valeurs de la fonction des phénomènes en eux-mêmes et pour arriver à de bonnes conclusions, nous devons utiliser des unités appropriées aux phénomènes. Le mélange des unités nous donne une conception erronée des valeurs de chaque phénomène ; les résultats de nos calculs sont erronés et le résultat est une conception erronée du processus de la vie humaine. Une fois le fait réalisé, nous cesserons d'appliquer à l'homme des mesures animales ; même la théologie abandonnera cette habitude monstrueuse.

Les unités et normes animales doivent être appliquées aux animaux, les normes humaines à l'homme, les normes « divines » à « Dieu ».

Dans les âges sombres, avec l'innocence totale ou l'incompréhension de la science, le « pourquoi » des choses était expliqué par le « qui » des choses ; c'est là que l'enquête a abouti; l'homme était considéré comme *homo sapiens* et homo sapiens = animal × étincelle du *surnaturel* ; cette formule monstrueuse fut acceptée comme une vérité ultime, comme une réponse à la question : Qu'est-ce que l'Homme ? Ce type de réponse est devenu entre les mains de l'Église et de l'État un instrument puissant pour maintenir le peuple dans la soumission.

La tendance des masses à laisser les autres penser à leur place n'est pas vraiment une caractéristique *naturelle* , bien au contraire. L'habitude de ne pas penser par soi-même est le résultat de milliers d'années de sujétion. Les autorités, en général, utilisaient leur ingéniosité pour empêcher les gens de réfléchir. La raison la plus essentielle pour laquelle de nombreux humains semblent être, et sont souvent qualifiés de « stupides » , est qu'on leur a parlé dans un langage spéculatif qu'ils détestent instinctivement et dont ils se méfient ; c'est ainsi qu'est né le proverbe selon lequel la parole était faite pour cacher la vérité. Il n'est pas étonnant qu'ils paraissent « stupides », mais le plus étonnant est qu'ils ne le soient pas davantage . La vérité est qu'ils se révéleront beaucoup moins stupides lorsqu'ils seront abordés dans le langage naturel des faits vérifiables. Toute ma théorie est basée sur les sentiments naturels de l'homme et est en harmonie avec eux. Les conceptions que j'introduis sont basées sur *la nature humaine* . Le langage naturel – si différent du discours de la spéculation métaphysique – conduira à la compréhension mutuelle et à la disparition des factions en guerre.

« La discrimination, comme l'enseigne à juste titre le proverbe, est le début de l'esprit. Le premier produit psychique de cet acte psychique initial est *numérique* : discriminer, c'est en produire *deux* , exemple de multiplicité le plus simple possible. La découverte, ou mieux l'invention, mieux encore la production, et surtout la création, de la multiplicité avec son corrélat du nombre , est donc l'accomplissement ou la manifestation la plus primitive de l'esprit. l'instinct arithmétique comme fondamental et, pour des instruments de pensée qui ne failliront pas, se rendre immédiatement dans le domaine du nombre. (CJ Keyser, Loc. Cit.)

Ceux qui réfléchissent connaissaient le pouvoir de la « pensée » ; ils voulaient l'avoir et en garder pour eux l'avantage ; en témoigne l'introduction tardive des écoles publiques. La croyance en l'infériorité des masses est devenue la loi non écrite des « classes privilégiées » ; elle a été imposée, ancrée dans l'esprit subconscient des masses par l'Église et l'État, et a été humblement et bêtement acceptée par les « ordres inférieurs » comme leur « destin ». L'ignorance était proclamée comme un bonheur.

Au fil du temps, ce « coefficient d'ignorance » est devenu si utile à certaines personnes et à certaines catégories de personnes qu'aucun effort n'a été épargné pour maintenir le monde dans l'ignorance. Cela donnait une excuse légaliste pour emprisonner, brûler et pendre des gens qui exprimaient une opinion qui n'aimait pas les classes dirigeantes. L'élimination de l'église, de l'école, des universités, de tout enseignant, de tout professeur ou de tout ministre qui osait illustrer ou encourager une recherche courageuse et la liberté d'expression est devenue très courante. C'est moins courant dans notre génération, mais il reste encore beaucoup à gagner sur le chemin de la liberté.

La liberté, bien comprise, est le but de l'ingénierie humaine . Mais la liberté n'est pas une licence, ce n'est pas une licence. La liberté consiste à vivre *selon la loi* , c'est-à-dire à vivre en accord avec les lois de la *nature humaine* , en accord avec les lois *naturelles* de l'homme. Une plante est libre lorsqu'on ne l'empêche pas de vivre et de croître selon les lois naturelles de la vie végétale ; un animal est libre lorsqu'il n'est pas empêché de vivre selon les lois naturelles de la vie animale ; les êtres humains sont libres quand et seulement quand rien ne les empêche de vivre conformément aux lois naturelles de la vie humaine. Je dis « quand cela n'est pas empêché », car les êtres humains vivront *naturellement* et, par conséquent, en liberté, quand ils ne seront pas empêchés de vivre ainsi par l'ignorance de ce qu'est la nature humaine et par des systèmes sociaux artificiels établis, maintenus et protégés par une telle ignorance. . La liberté humaine consiste à exercer les énergies humaines liées au temps conformément aux lois naturelles de ces énergies naturelles. La liberté humaine est donc le but de l'ingénierie humaine, car l'ingénierie humaine doit être la science de la nature humaine et l'art de conduire les affaires humaines conformément aux lois de la nature humaine. La survie du plus fort, où *le plus fort* signifie *le plus fort* , est une loi *naturelle* pour les brutes, pour les animaux, pour la classe des simples relieurs d' *espace* . La survie du plus fort, où *le plus fort* signifie *le meilleur* en science, en art et en sagesse, est une loi *naturelle* pour l'humanité, la classe de vie limitée dans le temps.

Chapitre VIII
Éléments de pouvoir

Durant la guerre mondiale, l'Allemagne a fait preuve d' *une puissance considérable*. En retenant autant que possible nos émotions, efforçons-nous d' analyser ce pouvoir avec une impartialité mathématique.

Pourquoi l'Allemagne a-t-elle fait preuve de plus de puissance que n'importe quelle autre nation ? Parce que pour établir son « éthique », son système politique et sa structure économique, l'Allemagne a eu recours, plus que toute autre nation, aux réalisations et aux méthodes scientifiques. C'est une croyance très répandue, très erronée et très néfaste, selon laquelle la guerre a été créée uniquement par un « seigneur de guerre ». Chaque idée ou mouvement a sans doute son origine chez quelqu'un, mais derrière ces « origines » ou initiations se trouvent des conditions, des forces et des impulsions favorables. Le décor est préparé par la vie et les âges ; l'acteur entre et le spectacle commence. Dans le cas en question, le décor a été préparé par l'ensemble de notre système moderne de civilisation. Les seigneurs de la guerre étaient les « Deus ex machina » – le spectacle était réel – une tragédie.

La véritable origine de cette guerre doit être recherchée dans le domaine économique. Notre système économique est le résultat très complexe de toutes nos croyances, philosophies et coutumes sociales. Il est donc impossible de comprendre le fonctionnement des forces économiques sans comprendre les fondements sur lesquels repose ce système de forces. Une courte liste d'ouvrages sur le sujet est donnée à la fin de cet ouvrage. Une simple déclaration ici suffira.

L'Allemagne était engagée dans une politique d'expansion industrielle indéfinie. Cette expansion artificielle avait atteint ses limites. L'Allemagne était au bord de la faillite. Seule une guerre victorieuse pourrait éviter une catastrophe nationale ; elle a joué sa dernière carte et a perdu, malgré sa puissance gigantesque, la plus grande jamais déployée par une nation. Les principaux États européens n'ont pas réussi à la maîtriser pendant longtemps. Cet écrit n'a pas pour but d'excuser l'Allemagne, et encore moins de faire l'éloge d'elle ou de ses seigneurs de guerre. Les objectifs allemands étaient nationalement étroits et nationalement égoïstes jusqu'à la racine ; ses méthodes étaient inhumaines mais l'Allemagne faisait preuve de puissance ; et sans la compréhension du pouvoir, l'ingénierie humaine est impossible.

C'est peut-être un défaut de la formation militaire de l'écrivain, mais il lui semble que le point de vue de « l'état-major » a autant de mérite à être pris en considération que n'importe quel autre parmi les nombreuses interprétations différentes de l'histoire – et peut-être même plus. Ce n'est pas le but premier de l'état-major de « combattre », bien loin de là. Leur objectif premier est la « victoire » , et tant mieux si la victoire est possible sans combat. Stratégie, réflexion, intelligence, connaissance des faits, telles sont les armes principales ; les combats brutaux ne sont qu'un dernier recours. Il est très important de garder cela à l'esprit. Les soldats et les ingénieurs ne discutent pas : ils agissent. L'Allemagne offre le premier exemple d'une philosophie ou d'une société ayant pour objectif principal de générer le pouvoir de « faire des choses ». Il semble raisonnable et intelligent d' analyser l'histoire de la guerre du point de vue de l'ingénieur, qui, dans ce cas, coïncide avec le point de vue militaire. Il faut bien comprendre que le point de vue de l'état-major moderne, ou militaire, n'a que très peu ou rien à voir avec le romantisme ou la poésie de la guerre. La guerre est aujourd'hui une sombre affaire, mais une « affaire » avant tout. Elle doit mobiliser toutes les ressources d'une nation et produire de l'électricité dans la limite de ses capacités. La conduite de la guerre aujourd'hui est une affaire technologique : ses méthodes doivent être des méthodes d'ingénierie. Pour écraser un obstacle, il faut un marteau géant, et plus on peut lui donner de masse et plus la force mise derrière lui est grande, plus le coup sera mortel. Avant la guerre mondiale, la technologie n'avait pas été mobilisée à une aussi grande échelle ni confrontée à une tâche aussi gigantesque. La technologie mobilisée a révélé et démontré le fait qu'il est possible de produire une énergie presque illimitée et a montré la manière d'y parvenir ; en même temps, elle a démontré la puissance incommensurable de l'ingénierie et notre totale impuissance sans elle. La technologie est une science relativement nouvelle ; Certains l'appellent une « semi-science » parce qu'elle traite principalement de l'application de la science à des questions pratiques. Mais quand il devenait nécessaire de « faire des choses », il fallait faire appel à un ingénieur ; l'état-major a dû adopter son point de vue, et toutes les autres pratiques et traditions se sont pliées à ses idées.

J'ai déjà souligné à plusieurs reprises que le progrès de la technologie se déroule selon une loi telle que celle d'une progression géométrique rapidement croissante, et j'ai souligné le danger de l'inattention à tout phénomène, force ou mouvement conforme à une telle loi. Il suffit de rappeler l'histoire de ce paysan simple mais très avide qui était très heureux de conclure un contrat avec un ouvrier pour un mois de travail, en ne lui payant qu'un centime le premier jour, deux fois plus le deuxième, deux fois le troisième, et ainsi de suite jusqu'à la fin. Voir! La facture du mois s'élevait à des millions de dollars et le fermier était ruiné. Tel est le secret mortel de la progression géométrique. Des réajustements violents attendent toute société dont l'éthique, la jurisprudence, etc., ne suivent pas le rythme des développements de l'ingénierie.

Les ingénieurs sont des sorciers qui, en utilisant les résultats de la recherche scientifique, peuvent soumettre ou libérer les pouvoirs cachés de la nature. Le facteur suprême est l'utilisation de l'esprit – la fonction exponentielle du temps – l'énergie de l'homme qui lie le temps. C'est de là qu'il faut partir car c'est là la source du pouvoir humain.

La philosophie allemande, dans son ensemble, a sa place définitive dans l'histoire de la philosophie ; et la première chose à considérer sont les écrivains philosophiques qui ont contribué directement ou indirectement à l'édification de la puissance allemande. Hegel a grandement influencé la formation de l'esprit allemand – aussi étrange que cela puisse paraître ; mais Hegel fut grandement sous l'influence de l'œuvre de Fichte, et Fichte à son tour sous celle de Spinoza. Tous étaient, d'une certaine manière, des mathématiciens dans leurs méthodes et leur philosophie, autant qu'ils pouvaient l'être à leur époque. J'ai dit « étrange », car il est significatif que la partie mathématique de leur philosophie soit justement celle qui a construit la puissance allemande. Mais si on y regarde de plus près, ce n'est pas étrange.

Il devait en être ainsi, car les méthodes mathématiques et mécaniques sont les seules grâce auxquelles le pouvoir peut être compris et construit. Hegel en 1805 a donné des conférences sur l'histoire de la philosophie, les mathématiques pures et le droit naturel. Il serait difficile de trouver une meilleure combinaison pour une philosophie du pouvoir. C'est précisément ce qu'était cette philosophie. Elle a influencé non seulement la philosophie allemande mais même la théologie allemande et, par ces canaux, elle s'est profondément ancrée dans la conscience nationale. Cela a affecté toutes les phases de la vie. Un immense culte de disciples surgit. Chacun a ajouté quelque chose à cette philosophie du pouvoir. L'un des représentants les plus brillants de ce mouvement est le professeur Oswald qui, dans ses *Sermons monistes*, a donné le célèbre conseil : « Ne gaspillez pas l'énergie mais donnez-lui de la valeur ». La compréhension allemande de la grande valeur de la technologie a directement appliqué ce principe à leur philosophie, leur droit, leur éthique, leur politique, etc.

Avec l'augmentation de la population, le problème de l'État devient de plus en plus pressant. Il existe de nombreuses théories sur l'État. Pour le moment , il est important de réaliser qu'un État est le centre directeur d'une accumulation d'êtres humains – de pouvoirs qui lient le temps – en fonctions exponentielles croissantes du temps. Ces pouvoirs, quoique de même nature, diffèrent par leur degré et par leur individualité. Pour qu'ils soient unis de manière à constituer un tout, il faut leur donner un but commun ; il faut, pour ainsi dire, les réduire à un socle commun ; s'ils sont respectivement X^m , Y^n, Z^p, et ainsi de suite, on ne peut pas les unir et calculer le tout en additionnant les exposants ; mais si nous leur donnons une base commune – un but ou un but commun – alors nous pouvons facilement représenter les grandeurs de l'ensemble qu'ils constituent ; si nous prenons X comme leur but ou base commune, alors, si $Y = aX$, $Z = bX$, et ainsi de suite, nous aurons :

$$X^m \times Y^n \times Z^p ... = X^m \times a^n \times X^n \times b^p \times X^p ... = (a^n \times b^p ...) X_{m} + {}^{n+p ...}$$

La dernière expression, où le coefficient entre parenthèses est le produit des individualités, sert à représenter les pouvoirs unis de tous en termes de X, la base, le but ou le but commun.

Voyons la question sous un autre angle. Un « cheval-vapeur » mécanique est inférieur à la puissance d'un cheval vivant. Un cheval vivant peut faire plus de travail qu'un cheval-vapeur mécanique, mais en utilisant plus d'un cheval vivant à la fois, nous obtenons moins de travail qu'en utilisant le même nombre de chevaux-vapeur mécaniques ; la raison est très évidente. Les puissances mécaniques sont de même nature, égales et constantes, mais les chevaux vivants diffèrent par leur caractère, ils ne sont pas égaux et chacun est variable. Par conséquent, les puissances mécaniques peuvent être ajoutées ou multipliées arithmétiquement, mais les puissances des chevaux vivants ne le peuvent pas , sauf très grossièrement ; les chevaux vivants d'un attelage interfèrent les uns avec les autres ; ils ne se rassemblent pas, comme on dit, et l'énergie est perdue.

La philosophie mathématique allemande ou la théorie de l'État ne s'est pas exprimée de cette manière, mais ce qui précède en donne une idée. L'Allemagne a uni les pouvoirs des hommes, des femmes et des enfants vivants ; cela leur a donné une base commune ; cela leur a donné une humeur et un objectif « social » communs ; ils se sont tous consolidés au service de ce qu'on appelle l'État ; ils étudiaient et enseignaient pour l'État ; ils travaillaient, vivaient et mouraient pour l'État : l'État était leur idole, Roi et Dieu.

Tel était le but de la philosophie, de la théologie, du droit et de la science allemandes. L'établissement d' UN OBJECTIF UNIQUE pour tous a été le facteur décisif. Il est évident que si l'on veut inspirer 60 millions d'individus avec un seul objectif, cet objectif ne peut être ni privé ni personnel. Il doit s'agir d'un but supérieur, collectif, général, impersonnel, unissant en quelque sorte et incluant tous les buts personnels. J'appellerai cela simplement un objectif *collectif* . Mais les objectifs collectifs peuvent être de nature profondément différente ; à partir de buts personnels ou égoïstes, naît une série de buts collectifs, de plus en plus généraux, tels que : (1) les buts familiaux ; (2) les objectifs de l'association, de la congrégation, du club ; (3) objectifs de classe ou professionnels ; (4) objectifs nationaux ou raciaux ; et enfin (5) LES OBJECTIFS HUMAINS – les objectifs naturels de la classe de vie limitée dans le temps. L'erreur fatale de la philosophie politique allemande était une erreur de but – son objectif était trop bas – trop étroit – le bien-être d'un État au lieu du bien-être de l'humanité.

Dans le cas de l'Allemagne, l'objectif national équivalait à l'objectif de l'État. La philosophie allemande a fait de « l'État » l'équivalent du « bien » et du « pouvoir ». Bien entendu, une telle philosophie a influencé la vie nationale dans ses moindres détails ; en conséquence, l'Allemagne s'est proclamée première nation du monde, ce qui s'est rapidement transformé en un plan de conquête du monde. L'état-major allemand en tant qu'institution avait, par excellence, pour but et objet premier le « pouvoir ». « concentration du pouvoir » et « efficacité ». Elle a pris le leadership dans toutes les branches de la vie et de l'industrie. Militarisme et industrialisme sont presque synonymes du point de vue mécanique ; ils sont tous les deux puissants. Ils doivent tous deux utiliser les mêmes méthodes scientifiques et, dans les conditions *actuelles* du monde, ils dépendent les uns des autres, car la guerre ne peut être menée sans industries fortes. Ici, nous devons reconnaître que l'industrie au progrès géométrique ne peut pas vivre sans de nouveaux marchés qui, dans les conditions actuelles, ont été en grande partie acquis, directement ou indirectement, par la puissance de l'armée ; et cela a été le cas de l'Allemagne. Si nous maudissons l'Allemagne parce qu'elle est une « nation militaire », nous pouvons, sans moins de justice, la maudire parce qu'elle est une nation *complètement militaire* . « nation industrialisée ». Si nous ajoutons à cela son objectif national égoïste et étroit, nous comprendrons facilement cette « pêche mondiale ». Ceux qui l'ont goûté connaissent sa douceur.

Il n'est pas nécessaire d'entrer dans plus de détails. Des livres spéciaux nous donnent toutes les données. Ce qui est intéressant, c'est le fait impersonnel : quelle était la *force* et *La puissance* de l'Allemagne est la meilleure illustration possible de ce que la science et une sorte de philosophie mathématique sont capables d'accomplir, même lorsqu'elles sont orientées non pas vers le bien-être de l'humanité, mais vers celui d'un groupe relativement restreint de personnes. Les philosophies politiques citées ci-dessus ont eu un effet très prononcé sur Marx. L'une des branches du socialisme est ce qu'on appelle le socialisme d'État. Les socialistes d'État, comme leur nom l'indique, estiment que l'État doit assumer les fonctions les plus importantes dans la société. Il est évident que dans les pays monarchiques où les dirigeants « donnés par Dieu » représentent l'État, une telle théorie n'est pas indésirable, car elle donne aux dirigeants l'occasion de faire preuve d'une sorte de « libéralisme avancé », qui sert à renforcer leur pouvoir. L'astucieux Bismarck ne peut pas être soupçonné d'être un progressiste au sens moderne du terme mais, étant un produit de la culture et de la philosophie allemandes, tous ses idéaux étaient ceux d'un État fort. Il était un partisan déclaré du socialisme d'État. Depuis 1879 au moins, Bismarck était presque considéré comme l'esprit dirigeant du socialisme d'État paternel. Il était partisan et promoteur d'une relation étroite entre l'État et les chemins de fer, gardant toujours en vue une nationalisation complète qu'il a finalement réalisée. Ce fait a éliminé de la vie publique allemande toute cette phase de corruption que la propriété privée des chemins de fer entraîne dans n'importe quel pays, le chemin de fer étant la vie même de n'importe quel pays.

En résumé : l'Allemagne a appliqué les méthodes les plus scientifiques pour construire sa puissance nationale ; elle comprenait les éléments du « pouvoir », car ils lui étaient révélés par sa science et sa philosophie. Elle a appliqué des méthodes technologiques dans tous les domaines de sa vie civile et a ainsi construit son gigantesque pouvoir. Sa vie industrielle suivit la voie militaire ; sa force militaire reposait sur sa puissance industrielle. Et donc le cercle vicieux. L'Allemagne a adopté un objectif *collectif* au lieu d'un objectif individuel et personnel, et grâce à cet objectif plus large, elle a pu mobiliser et maintenir mobilisées toutes ses forces morales, politiques et industrielles pendant de longues années avant la guerre. L'effet direct de ce système de mobilisation continue fut la surproduction. Pour cela, elle avait désespérément besoin de nouveaux marchés. Le moyen le plus économique et le plus rapide de les acquérir, s'ils ne devaient pas être saisis autrement, était de les conquérir par une guerre victorieuse. Ses plans progressèrent selon le programme, sauf la victoire sur les champs de bataille.

Cette guerre a été une calamité d'une ampleur sans précédent pour le monde et il est de notre devoir de l'étudier sans passion et d'en tirer la leçon, si nous ne voulons pas être les complices moraux de ce grand crime moderne, en laissant le monde dériver vers un état d'égalité. pire catastrophe. Nous devons sortir de notre inertie, aller au fond de ce problème et l' analyser sans pitié, que l' analyse soit agréable ou non. Nous devons valoriser chacun de nos « dix morts sacrés » au moins autant que nous valorisons un lapin tué dans des laboratoires scientifiques, et prendre la leçon à cœur ou nous préparer à une répétition du massacre mondial.

Si l'Ingénierie Humaine avait été établie il y a longtemps, notre système social aurait été différent, notre civilisation aurait été bien supérieure, cette guerre aurait été évitée. Nous n'avons pas besoin de nous faire d'illusions. La guerre mondiale est le résultat d'un déséquilibre des forces sociales et économiques. Le monde a besoin d'autres « équilibres de pouvoir » que ceux conçus par les avocats et les politiciens, par des intérêts égoïstes ou égoïstes de groupe. L'humanité aspire à une science et à un art de l'orientation humaine basés sur une bonne compréhension de la nature humaine.

- 93 -

Chapitre IX :
La virilité de l'humanité

Dans un chapitre précédent, j'ai dit que la guerre mondiale marque la fin d'une vaste période de la vie de l'humanité et le début d'une autre. Cela marque la fin de l'enfance de l'humanité et le début de la virilité de l'humanité.

Notre passé humain est un fait puissant de notre monde. De nombreux faits sont instables, éphémères et évanescents : ils sont là aujourd'hui et demain ils ont disparu. Il n'en va pas de même pour le grand fait de notre passé humain. Notre passé demeure.

> «C'est permanent. On peut compter sur cela. Elle est presque éternelle comme la race humaine. De ce passé nous sommes sortis. Nous y revenons constamment. En attendant, c'est de la plus haute importance pour nos vies. Il contient les *racines* de tout ce que nous sommes et de tout ce que nous possédons de sagesse, de science, de philosophie, d'art, de jurisprudence, de coutumes et d'institutions. Il contient le récit ou les ruines de toutes les expériences que l'homme a faites pendant un quart ou un demi-million d'années dans l'art de vivre dans ce monde. (Keyser, *La valeur humaine d'une réflexion rigoureuse* .)

Dans notre relation au passé, il existe trois grandes manières de se tromper. L'une de ces méthodes consiste à ignorer le passé – à rester totalement ignorant du passé humain comme les animaux ignorent totalement *leur* passé et ainsi à dériver dans la vie comme le font les animaux, sans référence à l'expérience des générations passées. Les imbéciles de ce type peuvent être appelés imbéciles à la dérive ou Drifters. Une autre façon d'être un imbécile – une manière très séduisante – est de falsifier le passé en l' *idéalisant* – en ignorant bêtement ses vices, sa misère, son ignorance, sa paresse et sa folie, et en magnifiant bêtement ses vertus, son bonheur, ses connaissances, ses réalisations et sa sagesse. ; c'est la voie de ceux qui se suffisent à eux-mêmes – la voie de ceux qui, étant confortablement situés et prospères, sont opposés au changement ; le passé, disent-ils, était sage car il a produit le présent et le présent est bon – laissons-nous tranquilles. Les imbéciles de ce type peuvent être appelés imbéciles idolâtres, adorant le passé ; ou des imbéciles statiques, satisfaits du Présent ; ou des imbéciles lâches, opposés au changement, craignant l'avenir. Une troisième façon d'être fou, qui est également séduisante, est à l'opposé de la précédente ; c'est la voie de ceux qui falsifient le passé en ignorant bêtement et avec mépris ses vertus, son bonheur, son savoir, ses grandes réalisations et sa sagesse, et en magnifiant bêtement ou malhonnêtement ses vices, sa misère, son ignorance, sa grande paresse . , et sa folie; c'est généralement la voie des malheureux, des pauvres, des désespérés – en particulier la voie de ceux qui trouvent une évasion de l'ennui de la vie routinière dans les excitations de l'agitation, de la turbulence et du changement ; le passé, disent-ils, était totalement faux, car il a produit le présent et le présent est tout à fait mauvais : détruisons-le, racine et branche. Les imbéciles de ce type peuvent être appelés imbéciles méprisants, moqueurs du passé ; ou des imbéciles destructeurs, des Destructeurs du Présent ; ou des imbéciles dynamiques, fêtards dans les excitations du changement.

Tels sont les enfants de la folie : (1) des imbéciles à la dérive – ignorants du passé – ignorants de l'expérience raciale – flottants irréfléchis sur les courants changeants des affaires humaines ; (2) Des imbéciles statiques – idéalisateurs du passé – amoureux complaisants du présent – ennemis du changement – craignant l'avenir ; (3) Des fous dynamiques – moqueurs du passé – haineux du présent – destructeurs des œuvres des morts – les plus *modestes* des fous, chacun d'eux disant : « Ce qui doit être commence par *Moi* ; Je ferai du monde un paradis ; mais il faut que mon génie soit libre ; *maintenant,* elle est entravée par « l'ordre » existant – le travail maladroit du passé ; Je vais le détruire ; Je commencerai par le chaos ; il nous faut de la lumière — le Soleil projette des ombres — je commencerai par effacer le Soleil ; alors le monde sera plein de gloire – la lumière de mon génie.

En contraste frappant avec cette triple division de la Folie, le conseil de la Sagesse est un, et il ne fait qu'un avec le sobre conseil du Bon Sens. Quel est ce conseil ? Quel est le conseil commun de la sagesse et du bon sens concernant le passé ? La réponse est simple et facile à comprendre. Le conseil est le suivant : n'ignorez pas le passé mais étudiez-le – étudiez-le diligemment comme étant le facteur le plus puissant parmi les grands facteurs de notre monde humain ; efforcez-vous de considérer le passé avec justice, de le contempler tel qu'il était et tel qu'il est, de le voir dans son *ensemble* — de le voir dans sa vraie perspective — en ne magnifiant ni son bien ni son mal, ni sa connaissance ni son ignorance, ni son entreprise ni sa paresse, ni ses réalisations ni ses échecs ; à mesure que les faits saillants sont constatés, s'efforcer d'en rendre compte, de trouver leurs causes, leurs conditions favorables, d'expliquer les faits pour les comprendre, en posant toujours la question Pourquoi ? Des siècles de siècles de superstition cruelle : pourquoi ? Des siècles d'ignorance presque totale des lois naturelles : pourquoi ? Des siècles de siècles de monstrueuses idées fausses sur la nature humaine : pourquoi ? Créations, gaspillages et destructions de richesses sans mesure :

pourquoi ? Des cycles incessants d'entreprise, de stagnation et de déclin : pourquoi ? Altérations interminables de la paix et de la guerre, esclavages et émancipations : pourquoi ? Âge après âge, le culte mondial de dieux créés par l'homme, idiots, sauvages, intronisés par le mythe et la magie, célébrés et soutenus par la poésie et les spéculations capricieuses de « sages » ignorants – Pourquoi ? Âge après âge, le lent développement des inventions utiles, de l'artisanat, du commerce et de l'art à l'échelle mondiale – Pourquoi ? Des périodes de tâtonnements sombres et impulsifs avant la lente découverte de la raison, suivies par des siècles de croyance dans la suffisance du ratiocination sans l'aide d'une observation et d'une expérimentation systématiques – Pourquoi ? Enfin l'aube de la méthode scientifique et de la science, la croissance de la connaissance naturelle, l'expansion incommensurable de l'univers *dans le temps* et *dans l'espace* , la croyance en la légalité de la nature, la soumission croissante des forces naturelles au contrôle humain, la foi croissante dans la progressivité illimitée. de la connaissance humaine et dans la perfectibilité illimitée du bien-être humain. Pourquoi ? Les peuples les plus divers du monde sont contraints par le progrès scientifique de vivre ensemble comme en une seule communauté sur une planète considérablement réduite et en rapide rétrécissement, le manque de préparation de l'éthique, du droit, de la philosophie, de l'économie, de la politique et du gouvernement existants à répondre aux exigences qui en résultent. Pourquoi ?

C'est ce que je considère comme le conseil de la sagesse – la simple sagesse du bon sens sobre. Connaître les faits saillants de notre immense passé humain, puis les expliquer en fonction de leurs causes et de leurs conditions n'est pas une tâche facile. C'est une tâche extrêmement difficile, qui nécessite le travail de nombreux hommes, de nombreuses générations ; mais il faut l'accomplir ; car ce n'est que dans la mesure où nous apprenons à connaître les grands faits de notre passé humain et leurs causes que nous sommes capables de comprendre notre présent humain, car le présent est l'enfant du passé ; et ce n'est que dans la mesure où nous apprenons ainsi à comprendre le présent que nous pouvons affronter l'avenir avec confiance et compétence. Passé, Présent, Futur – ceux-ci ne peuvent être compris individuellement ou séparément – ils sont indissolublement soudés pour ne faire *qu'un* .

La période de l'enfance de l'humanité a été longue – 300 000 à 500 000 ans, selon les témoignages des reliques humaines, des ruines et des archives des grottes et des rochers – une période de temps trop vaste pour que notre imagination puisse la saisir. De cette immense succession d'époques, à l'exception d'une infime fraction comprenant notre propre époque, nous n'avons, à proprement parler, aucune histoire ; nous n'en avons qu'une ébauche grossière, vague et brisée. Hérodote, que nous appelons « le père de l'histoire » proprement dite, vivait il y a moins de 2 500 ans. Qu'est-ce que 2

500 ans comparé à tout le recul du temps humain ? Nous devons dire que le père de l'histoire humaine n'a vécu qu'hier – un contemporain virtuel de ceux qui vivent aujourd'hui. Notre humanité a tâtonné sur ce globe pendant probablement 400 000 ans avant même que l'écriture de ce que nous appelons l'histoire ait commencé. Si nous considérons l'histoire comme une sorte de *mémoire raciale*, que devons-nous dire de la mémoire de notre race ? C'est comme celui d'un homme de 20 ans dont le souvenir remonte à moins de 3 mois ou comme celui d'un homme de 60 ans dont le souvenir ne parvient à atteindre aucun événement des 59 premières années de sa vie. Grâce au travail des géologues, des paléontologues, des ethnologues et de leurs collaborateurs , l'histoire de l'homme préhistorique va se développer, tout comme nous en savons aujourd'hui plus sur la vie de l'humanité à l'époque d'Hérodote qu'Hérodote lui-même ne le savait. En attendant, nous devons essayer de tirer le meilleur parti des connaissances historiques sur l'homme que nous possédons aujourd'hui.

Même si l'histoire de l'enfance de l'humanité était entièrement enregistrée dans les bibliothèques du monde, il ne serait pas possible, dans ce bref écrit, de raconter l'histoire de la manière la plus sommaire. À l'exception du récit de ces dernières années, l'histoire n'est connue, comme je l'ai dit, que dans ses grandes lignes, grossières, vagues et brisées, mais pour le présent propos, cela suffira. D'innombrables détails sont perdus – la plupart sans doute pour toujours. Mais il ne faut pas désespérer. Les faits vraiment importants de notre enfance raciale – les faits massifs, dominants et remarquables – sont suffisamment clairs pour nous guider dans la présente entreprise. Et que savons-nous ?

Nous savons que la période de notre enfance humaine a été incroyablement longue ; nous savons que dans des temps très lointains, les premiers spécimens de l'humanité – les premiers membres de la race humaine liée au temps – n'avaient absolument aucune connaissance humaine du monde hostile dans lequel ils se trouvaient ; nous savons qu'ils n'avaient aucune conception de ce qu'ils étaient eux-mêmes ; nous savons qu'ils n'avaient ni parole, ni art, ni philosophie, ni religion, ni science , ni outils, ni histoire humaine, ni tradition humaine ; nous savons, bien que nous puissions aujourd'hui à peine l'imaginer, que leur *seul* équipement pour *initier* la carrière de la race humaine était cette faculté particulière qui les rendait humains : la capacité de l'homme à lier le temps ; nous savons qu'ils ont effectivement fait ce travail d'initiation, sans aucun guide , ni exemple, ni maxime, ni précédent ; et nous savons qu'ils ont pu le faire simplement parce que le pouvoir d'initiation – le pouvoir d'engendrer – est un pouvoir qui lie le temps.

Que savons-nous d'autre de la première partie de l'enfance de l'humanité ? Nous savons qu'à cette époque lointaine, nos ancêtres – qui n'étaient pas des animaux, mais des créatures humaines – non seulement *commencèrent* à vivre dans la dimension humaine de la vie – pour toujours au-dessus du niveau des animaux – mais y *continuèrent* , prenant non seulement la première dimension de la vie. pas, mais le deuxième, le troisième, et ainsi de suite indéfiniment ; nous savons, en d'autres termes, qu'ils étaient des créatures progressives, qu'ils progressaient ; nous savons que leur progrès leur était *naturel* – aussi naturel que nager l'est pour les poissons ou comme voler l'est pour les oiseaux – car l'impulsion et la capacité de progresser – de s'améliorer – de faire de plus grandes choses en s'aidant de choses déjà faites – sont toutes deux naturelles. de la nature même de la capacité de fixation du temps qui rend les humains humains.

Nous savons que la capacité de lier le temps – la capacité d'accumuler l'expérience raciale, de l'élargir et de la transmettre pour une expansion future – est le pouvoir particulier, l'énergie caractéristique, la nature définitive, la marque déterminante de l'homme ; nous savons que le pouvoir mental, la capacité de lier le temps, de nos ancêtres préhistoriques, était de même *nature* , sinon en degré, que le nôtre ; nous savons qu'il est naturel que cette capacité, la plus haute agence connue de la Nature, produise des idées, des inventions, des idées, des doctrines, des connaissances et d'autres formes de richesse ; nous savons que le progrès dans ce que nous appelons la civilisation, qui n'est rien d'autre que le progrès dans la production et le bon usage des richesses matérielles et spirituelles, a été possible et réel simplement et uniquement parce que les produits d'un travail contraignant non seulement *survivent* , mais tendent naturellement à propager leurs semblables – des idées engendrant des idées, des inventions menant à d'autres inventions, des connaissances engendrant des connaissances ; nous savons donc que le degré de progrès qu'une seule génération peut réaliser, si elle dispose d'un approvisionnement adéquat en matières premières et n'est pas entravée par des circonstances hostiles, dépend non seulement de sa capacité native à lier le temps, mais aussi - et c'est de la plus haute importance - sur les progrès totaux réalisés par les générations précédentes - sur le fruit hérité, c'est-à-dire du labeur temporel des morts ; en conséquence, nous savons que le degré de progrès qu'une seule génération peut ainsi réaliser est ce que les mathématiciens appellent une fonction croissante du temps, et non seulement une fonction croissante mais une fonction *exponentielle croissante* du temps — une fonction comme PR^{T} , comme nous l'avons déjà expliqué ; nous savons aussi que le progrès *total que* peuvent ainsi réaliser *T générations successives est* :

$$R/R\text{-}1\ (\ PR^{TP})$$

qui est également une fonction exponentielle croissante du temps ; Nous savons grâce au calcul différentiel que ces fonctions – qui représentent les lois naturelles, les lois de la *nature humaine* , les lois des énergies temporelles de l'homme – sont des fonctions très remarquables – non seulement elles augmentent avec le temps, mais leurs *taux* d'augmentation sont également exponentiels. fonctions du temps et ainsi les taux d'augmentation eux-mêmes augmentent à des taux qui sont, encore une fois, des fonctions exponentielles, et ainsi de suite sans limite ; cela, dis-je, est un fait merveilleux, et c'est pour nous un fait d'une importance incommensurable ; car cela signifie que le pouvoir de l'homme qui fixe le temps est tel que, si on lui permet d'opérer naturellement, la civilisation – la production et le bon usage des richesses matérielles et spirituelles – non seulement croîtra vers l'infini (comme le disent les mathématiciens), mais grandissent ainsi avec une *rapidité* qui n'est pas constante mais qui elle-même grandit vers l'infini avec une rapidité qui, encore une fois, n'est pas constante mais augmente selon la même loi, et ainsi de suite indéfiniment. Nous voyons ainsi, si seulement nous nous retirons dans nos cloîtres et le contemplons, que la vie propre de l'homme *en tant qu'homme* n'est pas une vie dans l'espace comme celle des animaux, mais est une vie dans le temps ; nous voyons ainsi que dans la vie typiquement humaine, dans la vie de l'homme en tant qu'homme, le passé est présent et les morts survivent destinés à accueillir et à bénir les générations à naître : le temps, le temps lié, est littéralement le noyau et la substance de civilisation. Il en est ainsi depuis le début de l'homme.

Nous savons que l'ensemble des progrès accomplis au cours de la longue enfance de l'humanité, bien qu'ils soient absolument considérables, sont relativement faibles ; nous savons que, comparée à l'absence de civilisation, notre civilisation actuelle est vaste et riche à bien des égards ; nous savons cependant que si les énergies temporelles de l'humanité avaient toujours pu opérer sans être gênées par des circonstances hostiles, elles auraient depuis longtemps produit un état de civilisation en comparaison duquel notre état actuel semblerait mesquin, misérable et sauvage. . Car nous savons que ces énergies particulières - les énergies productrices de civilisation de l'homme - loin d'être toujours autorisées à fonctionner selon les lois de leur nature, n'ont jamais été autorisées à fonctionner *ainsi* , mais ont toujours été entravées et sont entravées aujourd'hui. par des circonstances hostiles. Et si nous y réfléchissons, nous saurons peut-être assez bien quels ont été et sont les ennemis, les circonstances hostiles. Nous savons qu'au début de l'enfance de l'humanité – dans sa petite enfance, pour ainsi dire – il n'existait, comme nous l'avons déjà dit, aucun *capital* , aucune richesse matérielle, aucune richesse spirituelle sous forme de connaissance du monde ou de la nature. de l'homme – pas de fruit existant du labeur d'hommes morts – pas de temps limité – rien d'autre qu'une matière sauvage et brute, dont l'emplacement même, les propriétés et les puissances devaient tous être découverts ; même aujourd'hui, parce que nous avons hérité de tant de temps limité et parce que notre imagination a été si peu disciplinée pour comprendre les réalités, nous pouvons à peine nous imaginer les conditions réelles de cette époque lointaine de la petite enfance de l'humanité ; On se rend encore moins compte que la civilisation actuelle commence à peine à être celle des hommes éclairés. Nous savons, en outre, que les énergies temporelles de nos lointains ancêtres ont été entravées et freinées, dans une mesure trop vaste pour notre imagination, par d'immenses changements géologiques et climatiques, à la fois soudains et séculaires, imprévus et irrésistibles - par des tremblements de terre et des tempêtes, par des saisons séculaires d'inondations, de gels, de chaleur et de sécheresse, détruisant non seulement à la fois les ressources naturelles et les produits lentement accumulés des générations passées, mais éteignant souvent les peuples eux-mêmes ainsi que les centres et les demeures d'une civilisation en difficulté.

De toutes les circonstances hostiles, de toutes les causes qui, tout au long de la longue période de l'enfance de l'humanité, ont empêché la civilisation et le bien-être humain de progresser en plein accord avec les lois naturelles des énergies temporelles de l'homme, la cause la plus puissante et la plus désastreuse, cause encore partout à l'œuvre, reste à évoquer. Je veux dire l'ignorance humaine. Je ne parle pas de l'ignorance des faits physiques et des lois de la nature physique, car cette dernière ignorance est dans une large mesure l'effet de la cause à laquelle je pense. L'ignorance dont je parle est bien plus fondamentale et bien plus puissante. Je veux dire l'ignorance humaine de *la nature humaine* – je veux dire l'ignorance de l'homme de ce qu'est l'homme – je veux dire les fausses conceptions de la place légitime de l'homme dans le schéma de la vie et l'ordre du monde. Quelles sont ces fausses conceptions, je l'ai déjà souligné. Ils sont deux. L'une d'elles est la conception selon laquelle les êtres humains sont des animaux. L'autre est la conception selon laquelle les êtres humains n'ont pas de place dans la nature mais sont des hybrides de naturel et de *surnaturel*, des animaux combinés à quelque chose de « divin ». Tous deux sont caractéristiques de l'enfance de l'humanité ; tous deux sont erronés, et tous deux ont fait un mal infini de mille manières. À qui la faute ? Au sens profond, ce n'est la faute de personne. L'homme a commencé sans capital – en connaissance – avec rien d'autre que sa force physique et la capacité naturelle à lier le temps ; et donc il a dû tâtonner. Il n'est pas étrange qu'il soit lui-même intrigué. Il n'est pas étrange qu'il se considérait comme un animal ; car il a des propensions animales comme un cube a des surfaces, et ses propensions animales étaient si envahissantes, si évidentes au sens physique – il est né, a grandi, avait des jambes et des cheveux, a mangé, couru, dormi, est mort – tout cela comme des animaux. tandis que sa marque distinctive, sa capacité à lier le temps, était subtile ; c'était spirituel; ce n'était pas un *organe visible* mais une *fonction invisible* ; c'était l'énergie appelée intellect ou esprit, que les sens physiques ne perçoivent pas ; et je dis donc que ce n'est pas étrange – c'est en effet très triste et très pathétique – mais il n'est pas étonnant que les êtres humains se soient faussement pris pour des animaux. Il en va de même pour la croyance rivale – la croyance selon laquelle les humains ne sont ni naturels ni surnaturels mais sont à la fois, à la fois brutaux et divins, une progéniture hybride de la bête et de Dieu . La croyance est monstrueuse, très pathétique et très triste, mais son origine est facile à comprendre ; une fois inventé, il est devenu un instrument puissant pour les hommes méchants, pour les imposteurs, mais ce n'est pas eux qui l'ont inventé ; ce n'était que le résultat erroné d'un effort honnête pour comprendre et expliquer. Car les faits évidents créaient une véritable énigme à expliquer : d'une part, les hommes, les femmes et les enfants – les êtres humains chasseurs et chassés par les animaux – ressemblaient certainement physiquement aux animaux de cent manières indubitables ; d'un autre côté, il devenait de plus en plus évident que les mêmes êtres humains ressemblant à des animaux pouvaient faire beaucoup de choses que les animaux ne faisaient jamais et ne pouvaient pas faire. C'était là une énigme, un mystère. Une curiosité temporelle exigeait une explication. Qu'est-ce que ça devait être ? Les sciences naturelles n'étaient pas encore apparues ; la conception critique – une conception qui évite le mélange des dimensions – était à l'état de faible enfance. Il est facile de comprendre quelle devait être la réponse : enfantine et mythique ; et il en fut ainsi : les humains ne sont ni des animaux ni des dieux, ni naturels ni *surnaturels* , ils sont tous deux à la fois, un mélange, une mystérieuse union d'animal avec quelque chose de « divin ».

Telles sont donc les deux réponses rivales que, au cours du long et tâtonnant cours de l'enfance de l'humanité, les êtres humains ont données à la plus importante de toutes les questions : la question : Qu'est-ce que l'Homme ? J'ai dit que les réponses, aussi sincères soient-elles, aussi honnêtes soient-elles, sont erronées, fausses par rapport aux faits et monstrueuses. J'ai dit, et je le répète, que les conceptions erronées qu'elles impliquent ont fait plus au cours des siècles passés, et font encore plus aujourd'hui que toutes les autres causes entravantes, pour entraver et contrecarrer l'activité naturelle de l'espace qui lie le *temps* . énergies de l'homme et retarder ainsi le progrès *naturel* de la civilisation. Ce n'est pas seulement notre privilège, c'est notre devoir élevé et solennel de les examiner. Accomplir ce grand devoir n'est pas une tâche facile. Les idées fausses en question nous sont parvenues depuis la plus haute antiquité ; ils ne sont pas apparus individuellement, séparément, nets, clairs et bien définis ; ils se sont *empêtrés* dans le maillage complexe des opinions et des croyances traditionnelles qui constituent la « philosophie » vulgaire – le brouillard mental – de notre époque. Si nous devons accomplir le devoir de les examiner, nous devons d'abord les faire ressortir, les dégager de notre enchevêtrement hérité de croyances et les formuler dans des mots appropriés ; il faut ensuite se rendre compte avec vivacité et netteté que les conceptions ainsi démêlées et formulées sont en fait, qu'elles soient vraies ou fausses, au cœur même de la philosophie sociale du monde ; il nous faut en troisième lieu déceler le caractère fondamental de la bévue qu'elles impliquent, voir clairement et froidement en quoi elles ont tort et pourquoi elles sont ruineuses ; nous devons enfin retracer, si nous le pouvons, leurs effets mortels à la fois au cours de l'histoire humaine et dans l'état actuel de notre monde humain.

La tâche consistant à dégager les deux monstrueuses idées fausses de l'écheveau enchevêtré des croyances héritées et à les formuler en mots, je l'ai déjà accompli à plusieurs reprises. Gardons les résultats à l'esprit. Les voici dans leur nudité : (1) les êtres humains – hommes, femmes et enfants – sont des animaux (et donc naturels) : (2) les êtres humains ne sont ni naturels ni surnaturels, ni entièrement animaux ni entièrement « *divins* » , " mais sont *les deux* naturel et *surnaturel à la fois* – une sorte de mystérieux composé hybride de brutes et de dieux .

La deuxième partie de notre tâche — qui est celle du lecteur autant que la mienne — n'est pas si facile ; et la raison est évidente. La voici : les fausses croyances en question – les idées fausses fatales qu'elles impliquent – nous sont si *familières – elles sont si longtemps et si profondément ancrées dans nos pensées, nos discours et nos modes de vie – nous y avons été si profondément nourris* par à la maison, à l'école, à l'Église et à l'État - que nous les tenons *habituellement* et *inconsciemment* pour acquis et que nous devons être virtuellement *plongés* dans la conscience du fait que nous les détenons réellement et qu'ils règnent réellement aujourd'hui à travers le monde et qu'ils l'ont fait. régné depuis des temps immémoriaux. Nous devons donc nous réveiller, nous *pousser* à prendre conscience de la vérité.

Je suppose que le lecteur est à la fois dur, rationnel, je veux dire, et intéressé par le bien-être de l'humanité. S'il ne l'est pas, il ne sera pas un « lecteur » de ce livre. Il sait donc que la troisième tâche – celle de détecter et d'exposer l'erreur fondamentale des idées fausses en question – est une tâche de la plus haute importance. Quelle est cette erreur ? C'est, je l'ai dit, une erreur de logique. Mais les erreurs logiques ne sont pas toutes identiques : elles sont de plusieurs sortes. Quel est le « genre » de *celui* -ci ? C'est le type de ce que les mathématiciens appellent la « confusion des types » ou le « mélange des dimensions ». La réponse ne peut être ni trop claire, ni trop catégorique, car son importance dans la critique de *toute* notre pensée est au-delà de toute mesure. Il existe des millions d'exemples qui contribuent à clarifier les choses. J'emploierai encore une fois le plus simple d'entre eux, un si simple qu'un enfant puisse le comprendre. C'est un exemple mathématique, comme il se doit, car toute la question des types logiques, ou dimensions, est une question mathématique. Je prie le lecteur de ne pas hésiter ni de fuir le simple mot mathématique, car, bien que la plupart d'entre nous n'aient que peu de *connaissances mathématiques* , nous avons tous l' *esprit mathématique* , sinon nous ne devrions pas être humains - nous sommes nous tous, mathématiciens *dans l'âme* . Passons donc immédiatement et avec confiance à notre exemple simple. Voici une *surface* , disons une surface *plane* . Il a de la longueur et de la largeur ; il a donc, disons-nous, *deux* dimensions ; Considérons ensuite un *solide* , disons un *cube* . Il a une longueur, une largeur et une épaisseur – et donc , disons-nous, *trois* dimensions. Nous remarquons maintenant que le cube *a* des surfaces et *possède donc certaines propriétés de surface* . Devons-nous alors dire qu'un solide *est* une surface ? Que le cube fait partie de la classe des surfaces ? Si nous le faisions, nous serions des imbéciles – des imbéciles qui confondent les types – des imbéciles qui mélangent les dimensions. C'est évident. Ou supposons que nous remarquions que les solides ont certaines propriétés *de surface* et certaines propriétés que les surfaces n'ont *pas* ; et supposons que nous disons le les propriétés *de surface* des solides sont *naturelles* mais les autres propriétés sont si mystérieuses qu'elles doivent être « *surnaturelles* » ou en quelque sorte « divines » ; et supposons que nous disons alors que les solides sont des unions, des mélanges, des composés ou des hybrides de surfaces et quelque chose de divin ou de *surnaturel* ; n'est-il pas évident que, si nous faisions cela, nous nous tromperions encore comme des imbéciles ? Des imbéciles qui confondent les types ? Des imbéciles qui mélangent les dimensions ? Tel serait le cas, chacun peut le constater. Considérons maintenant les animaux et les êtres humains, et examinons les faits avec franchise et franchise. Pour commencer, pensez un instant aux plantes. Les plantes sont des êtres vivants ; ils captent, transforment et s'approprient les énergies du soleil, du sol et de l'air, mais ils n'ont *pas* le pouvoir *autonome* de se déplacer dans l'espace ; nous pouvons dire que les plantes constituent l'ordre, la classe, le type ou la dimension la plus basse de la vie – la *dimension* ; les plantes, nous le voyons, sont des liants des énergies *de base* du monde. Et les animaux ? Comme les plantes, les animaux absorbent, transforment et s'approprient également les énergies du soleil, du sol et de l'air, bien qu'ils les prennent en grande partie sous des formes déjà préparées par les plantes elles-mêmes ; mais, *contrairement* aux plantes, les animaux possèdent le pouvoir *autonome* de se déplacer dans l'espace, de ramper, de ramper, de courir, de nager ou de voler. Il est donc évident que, par rapport aux plantes, les animaux appartiennent à un ordre ou à une classe supérieure, ou à une classe supérieure. type supérieur, ou dimension supérieure de la vie ; on peut donc dire que le type de vie animale est un type à *deux* dimensions – un type à deux dimensions ; Je les ai appelés relieurs d'espace parce qu'ils se distinguent, ou sont marqués, par leur pouvoir autonome de se déplacer dans l'espace, d'abandonner une place pour en occuper une autre et ainsi de s'approprier les fruits naturels de nombreuses localités ; la vie des animaux est donc une vie dans l'espace dans un sens évidemment non applicable aux plantes. Et maintenant, que dirons-nous de *l'Homme* ? Comme les animaux, les êtres humains ont en effet le pouvoir de mobilité – le pouvoir autonome de se déplacer – la capacité de relier l'espace, et il est évident que, s'ils ne possédaient aucune capacité d'ordre supérieur, les hommes, les femmes et les enfants seraient bel et bien des animaux. Mais quels sont les faits? Les faits, si nous voulons les noter et y réfléchir, sont de nature à nous montrer que le gouffre qui sépare la nature humaine de la nature animale est encore plus large et plus profond que le gouffre entre la vie animale et la vie végétale. Car l'homme s'améliore, mais pas les animaux ; l'homme progresse, les animaux non ; l'homme invente des outils de plus en plus compliqués, pas les animaux ; l'homme est un créateur de richesses matérielles et spirituelles, les animaux ne le sont pas ; l'homme est un bâtisseur de civilisation, les animaux ne le sont pas ; l'homme fait *vivre le passé dans le présent et le présent dans le futur*, ce n'est pas le cas des animaux ; l'homme est donc un *liant du temps*, les animaux ne le sont pas. À la lumière de ces considérations, si seulement nous prêtons attention à leur puissante signification, il est aussi clair que quoi que ce soit puisse l'être ou le devenir, que la vie de l'homme – le relieur du temps – est aussi radicalement distincte de celle des animaux – de simples liants d'espace - comme la vie animale est distincte de celle des plantes ou comme la nature d'un solide est distincte de celle d'une surface, ou celle d'une surface de celle d'une ligne. Il est donc parfaitement évident que, lorsque nous considérons les êtres humains comme des animaux ou comme des mélanges de la nature animale avec quelque chose de mystérieusement *surnaturel*, nous commettons le même *genre* de bévue que si nous considérions les animaux comme des plantes ou comme des plantes touchées par « » divinité » — le même *genre* d'erreur que celle de considérer un solide comme une surface ou comme une surface miraculeusement transfigurée par quelque mystérieuse influence extérieure à l'univers de l'espace. Il est donc évident que notre culpabilité en la matière est celle d'une erreur *fondamentale* : une confusion des types, un mélange des dimensions.

Rien ne peut être plus désastreux. Car quelles sont les conséquences de ce genre d'erreur ? Laissez le lecteur réfléchir. Il sait que si nos ancêtres avaient commis ce genre d'erreur concernant les lignes, les surfaces et les solides, il n'y aurait pas aujourd'hui de science géométrique ; et il sait que s'il n'y avait pas de géométrie, il n'y aurait pas d'architecture dans le monde, pas d'arpentage, pas de chemins de fer, pas d'astronomie, pas de cartographie des mers, pas de bateaux à vapeur, pas d'ingénierie, rien du tout de ce qui est désormais familier au monde entier . affaires rendues possibles par la conquête scientifique de l'espace. Je le répète, laissez le lecteur réfléchir ; car s'il ne le fait pas, il manquera ici la gravité d'une vérité des plus importantes. Il voit aisément, dans le cas supposé, combien les conséquences auraient été effroyables si, tout au long de la période de l'enfance de l'humanité, s'était produite une certaine confusion des types, un certain mélange des dimensions, et il est en mesure de le voir simplement *parce* que Heureusement, la bévue *n'a pas* été commise ou, si elle avait été commise, elle n'a pas persisté, car, si elle avait été commise et persistée, alors les grandes choses désormais familières dont elle aurait privé le monde ne seraient pas là ; nous ne devrions même pas être capables de les imaginer aujourd'hui, et nous ne pouvons donc pas maintenant évaluer, même approximativement, l'énorme ampleur des conséquences désastreuses de cette erreur. Que le lecteur ne dévie pas, ne vacille pas et ne chancelle pas ici ; qu'il assume le fardeau de ce puissant argument et qu'il le porte jusqu'au but. Il perçoit facilement les conséquences vraiment épouvantables qui *auraient* inévitablement suivi l'erreur de confusion des types — l'erreur du mélange des dimensions — en matière de lignes, de surfaces et de solides, *si* cette erreur avait été commise et persistée à travers les siècles ; il *peut* percevoir ces conséquences simplement parce que l'erreur n'a *pas été* commise et c'est pourquoi les grandes choses dont (si l'erreur avait été commise) elle aurait privé le monde sont ici, de sorte qu'il peut dire : « Voyez ces choses splendides : la science de la géométrie et ses multiples applications brillent partout dans les affaires humaines - imaginez-les toutes disparues, imaginez le monde s'il n'avait jamais existé, et vous aurez la mesure des conséquences qui auraient suivi la violation de la loi des types, de la loi des dimensions. , en matière de lignes, de surfaces et de solides. Mais maintenant, en ce qui concerne une erreur exactement similaire concernant la nature de l'homme, la situation est inversée ; car cette bévue, contrairement à l'autre, n'est pas simplement hypothétique ; nous avons vu qu'elle a été effectivement commise et qu'elle a persisté depuis des temps immémoriaux ; non seulement depuis des années, des décennies ou des siècles, mais depuis *des* siècles , y compris de nos jours, elle s'est imposée en travers du cours du progrès humain ; âge après âge, il a entravé et contrecarré l'activité naturelle des énergies qui lient le temps – les énergies productrices de civilisation – de l'humanité. Comment estimer ses conséquences ? Que le lecteur garde à l'esprit que l'erreur est fondamentale – une erreur qui prête à confusion (comme celle supposée concernant les entités géométriques) ; qu'il réfléchisse en outre que cela affecte, non seulement une de nos préoccupations humaines, mais *toutes* , puisque c'est une erreur sur le *centre* de toutes, sur la *nature même* de l'homme lui-même ; et il saura, mieux que tout ce que l'on peut savoir, que les conséquences de cette erreur séculaire ont été et sont très importantes et très terribles. Leur mesure est en effet au-delà de notre pouvoir ; nous ne pouvons pas les décrire de manière adéquate, nous ne pouvons pas délimiter leurs proportions, car nous ne pouvons pas vraiment les imaginer ; et la raison est claire : c'est que ces progrès de la civilisation, ces augmentations de richesse matérielle et spirituelle, toutes les réalisations glorieuses dont la tragique erreur a privé le monde, n'en font pas partie ici ; ils n'ont pas été produits ; et ainsi nous ne pouvons pas dire, comme dans l'autre cas : « Regardez ces splendides trésors du temps lié, imaginez-les emportés, et votre sentiment de la perte épouvantable vous donnera la mesure requise. » Il est évident que les gloires dont les conceptions erronées de la nature humaine ont privé l'humanité doivent rester longtemps, peut-être pour toujours, dans le triste royaume des rêves concernant les choses grandes et nobles qui auraient pu exister.

J'ai dit que le devoir d'examiner les idées fausses nous impose quatre obligations. Nous en avons accompli trois : nous avons dégagé les croyances en question de l'enchevêtrement compliqué d'opinions dans lesquelles elles nous sont parvenues depuis la plus haute antiquité ; nous avons reconnu la nécessité et le devoir de nous rendre pratiquement compte du fait que nous les avons réellement tenus pour vrais et que depuis des temps immémoriaux ils ont déversé leur virus au cœur de l'éthique, de l'économie, de la politique et du gouvernement du monde entier . ; nous avons vu non seulement que les croyances sont fausses, mais que leur fausseté est due à une erreur de la nature la plus fondamentale : l'erreur de mélanger les dimensions ou de confondre les types. Comme nous l'avons déjà dit, la quatrième des tâches mentionnées est celle de retracer, si possible, les effets mortels de cette erreur à la fois dans l'histoire humaine et dans l'état actuel du monde. Nous venons d'arriver à la conclusion que cette tâche ne peut être *pleinement* accomplie ; car il ne fait aucun doute, comme nous l'avons vu, que si la faute n'avait pas été commise et n'avait pas persisté, le monde posséderait maintenant une civilisation si avancée, si riche en fruits spirituels du temps et du labeur, qu'elle serait complètement au-delà de notre pouvoir actuel de le concevoir ou de l'imaginer.

Mais même si nous ne pouvons pas accomplir pleinement cette tâche, notre situation est loin d'être désespérée. La guerre mondiale nous a poussé à réfléchir comme jamais auparavant. Cela nous a contraint à penser aux réalités et surtout à penser à la réalité suprême : la réalité de l'Homme. C'est pourquoi la grande Catastrophe marque la fin de l'enfance de l'humanité. La période a été longue et la manière dont elle s'est terminée restera à jamais mémorable – une démonstration cataclysmique soudaine, flamboyante et mondiale de l'ignorance fondamentale – de l'ignorance humaine de la nature humaine. C'est justement cette *démonstration tragique* , brutale comme un tremblement de terre, impitoyable comme le sort ou la famine, qui nous donne un motif d'espoir pour l'avenir. Cela nous a obligé à penser aux réalités et nous pensons à la réalité qui guérira le monde. C'est pourquoi je dis que ces jours, malgré leur peur et leur tristesse, marquent le début d'un nouvel ordre dans les affaires humaines – l'ordre d'une paix permanente et d'un progrès rapide du bien-être humain. Car nous savons en détail ce que sont les êtres humains, et cette connaissance peut être enseignée aux hommes, aux femmes et aux enfants par le biais des foyers, des écoles, des églises et de la presse du monde entier ; nous savons enfin, et nous pouvons enseigner au monde, que l'homme n'est ni un animal ni un mélange miraculeux d'ange et de bête ; nous savons longuement, et nous pouvons enseigner, qu'à travers les siècles, ces monstrueuses idées fausses ont fait pleurer des millions de personnes et qu'elles le font aujourd'hui, car, bien que nous ne puissions pas évaluer le bien dont elles ont privé l' humanité , nous peuvent retracer les sombres ramifications de leur *mal positif* de mille manières ; nous savons enfin, et nous pouvons enseigner, que l'homme, bien qu'il ne soit pas un animal, est un être naturel, ayant une place définie, un rang qui lui est propre, dans la hiérarchie de la vie naturelle ; nous savons longuement, et nous pouvons enseigner au monde, que ce qui *caractérise* la classe de vie humaine – ce qui fait de nous *des humains* – est le pouvoir de créer des richesses matérielles et spirituelles – d'engendrer la lumière d'une compréhension raisonnée – de produire la civilisation. - c'est la capacité unique de l'homme à lier le temps, unissant le passé, le présent et le futur en une *seule réalité croissante* chargée à la fois des créations survivantes des morts, du travail productif des vivants, des droits et des espoirs de ceux qui sont encore en vie. à naître; nous savons longuement, et nous pouvons enseigner, que le rythme *naturel* du progrès humain est le rythme d'une fonction exponentielle croissante du temps ; nous savons, et nous pouvons enseigner, que ce qu'il y a de bon dans la civilisation *actuelle* – tout ce qu'elle contient de précieux, de sacré et de saint – est le fruit d'un labeur interminable luttant aveuglément à travers les âges contre la barrière perpétuelle de l'ignorance humaine des connaissances humaines. nature; nous savons en détail, nous pouvons enseigner, et le monde comprendra, qu'à mesure que nous débarrassons notre éthique et notre philosophie sociale des monstrueuses représentations erronées de la nature humaine, les énergies temporelles de l'humanité feront progresser la civilisation conformément à leur loi naturelle . T, la fonction de saut en avant du temps.

Une telle connaissance et un tel enseignement inaugureront la période de la virilité de l'humanité. Cela peut devenir une période interminable de développements rapides dans la véritable civilisation. Tous les développements doivent découler de la véritable conception selon laquelle les êtres humains constituent une classe de vie limitée dans le temps, et le travail doit donc commencer par une campagne d'éducation suffisamment vaste pour embrasser le monde. La coopération de toutes les agences éducatives – le foyer, l'école, l'église, la presse – doit être sollicitée pour faire connaître la vérité fondamentale concernant la nature de l' homme afin qu'elle devienne la *lumière directrice* et *l'habitude* des hommes, des femmes et des enfants. partout. Les transformations qui s'opéreront dans toutes les affaires de l'humanité, mais particulièrement et avant tout dans les soi-disant arts et sciences que sont l'éthique, l'économie, la politique et le gouvernement, seront graduelles mais profondes.

L'éthique de la virilité de l'humanité ne sera ni une éthique « animale » ni une éthique « *surnaturelle* » . Ce sera une éthique naturelle basée sur la connaissance des lois de la nature humaine. Ce ne sera pas une branche de la zoologie, de l'éthique des dents et des griffes, de l'éthique du profit, de l'éthique des bêtes spatiales luttant pour « une place au soleil ». Ce sera une branche de l'humanologie , une branche de l'ingénierie humaine ; ce sera une éthique temporelle, l'éthique des énergies productrices de civilisation entièrement naturelles de l'humanité. Tout ce qui s'accorde avec l'activité naturelle de ces énergies sera *juste* et *bon* ; tout ce qui ne le fera pas sera *faux* et *mauvais* . La « survie du plus apte » au sens du *plus fort* est une norme contraignante dans l'espace, la norme éthique des bêtes ; dans l'éthique de la virilité de l'humanité, la survie des plus forts signifiera la survie des *meilleurs* dans les compétitions pour l'excellence, et l'excellence signifiera l'excellence qui s'imposera dans le temps - l'excellence dans la production et le bon usage des richesses matérielles et spirituelles - l'excellence en science, en art, dans la sagesse, dans la justice, dans la promotion du bien-être et dans la protection des droits des vivants et des enfants à naître. L'éthique née dans la période sombre de l'enfance de l'humanité de la conception de l'être humain comme union mystérieuse de l'animalité et de la divinité a donné naissance à deux espèces répugnantes de trafic : le trafic d'hommes considérés comme des animaux, aptes à être esclaves, et le trafic des « surnaturel », dans la vente d'indulgences sous une forme ou une autre et dans la « sagesse divine » des prêtres ignorants. Il va sans dire que dans l'éthique naturelle de la virilité humaine, on ne trouvera pas ces espèces de commerce.

Et que dire en particulier de l'économie, de « l'industrie », le « statu quo » et la « finance » de la « normalité » ? J'ai devant moi un manuel bien établi sur *le financement des sociétés* , rédigé par M. ES Mead, Ph.D. (Appleton, NY), dont le but n'est pas de formuler des critiques défavorables mais de montrer les bases « solides » généralement acceptées pour une entreprise prospère. Je ne peux guère faire mieux que de demander au lecteur de méditer sur quelques extraits de cet ouvrage, montrant les théories établies et étonnantes, car alors je n'ai qu'à dire qu'à l'époque de la virilité de l'humanité, l'aveuglement moral de tels « principes » leur esprit d'égoïsme calculateur et d'avidité qui les lie à l'espace sera considéré avec une haine totale comme l'est l'esclavage aujourd'hui. Voici la photo :

> « Puisque l'obligataire est uniquement intéressé à la sécurité de son capital et au paiement régulier de ses intérêts, et que la sécurité et les intérêts dépendent tous deux de la permanence des revenus, toutes choses étant égales par ailleurs les sociétés ayant les bénéfices ou le marché les plus stables. ... fournir la meilleure sécurité pour les obligations. La stabilité des revenus dépend (1) de la possession d'un monopole... *Le monopole est le contrôle exclusif ou dominant sur un marché. Plus ce contrôle est complet,*

plus le monopole a de la valeur. L'avantage du monopole réside dans le fait que les prix des services ou des marchandises sont contrôlés par les producteurs (c'est-à-dire *les propriétaires – Auteur*), plutôt que par le consommateur.... Les monopoles sont d'origines diverses. Les plus connus sont (1) les franchises, le droit d'utiliser *la propriété publique* à *des fins privées* , par exemple pour fournir l'éclairage, l'eau et les transports, (2) *le contrôle des sources de matières premières.* ... , (3) les brevets, ... (4) le coût élevé des installations de duplication.... Dans les industries manufacturières, par exemple, les entreprises qui *produisent des matières premières* et des *produits de première nécessité* ont une demande plus stable... Les chemins de fer constituent peut-être la meilleure base d'émission d'obligations en raison de la stabilité de la demande de services de transport... le coût élevé de la duplication de l'installation ferroviaire, ... leur permet de fixer leurs tarifs sur le trafic de marchandises et de passagers... La sécurité des créanciers est ici la rentabilité de l'activité *exercée dans l'usine* . De plus, une entreprise n'est pas un agrégat de biens physiques mais se compose de biens physiques – bâtiments, chaudières, machines-outils – plus une opportunité industrielle, plus l'organisation et la capacité d'exploiter l'entreprise. (Italiques indiqués par l'auteur.)

Nous y voyons les standards animaux dans leur perfection étudiée. Un commentaire serait superflu.

Au cours de la période de maturité de l'humanité, la soi-disant « science » de l'économie, la « science lugubre » de l'économie politique, deviendra une véritable science basée sur les lois des énergies temporelles de l'humanité ; il deviendra la lumière de l'ingénierie humaine – promoteur, gardien et guide du bien humain. Car il découvrira et enseignera qu'une vie *humaine* , une vie limitée dans le temps, n'est pas simplement une vie *civilisée* mais une vie *civilisatrice ;* il saura et enseignera qu'une vie civilisatrice est une vie vouée à la production de valeurs d'usage potentielles et cinétiques, c'est-à-dire à la création de richesses matérielles et spirituelles ; il saura et enseignera que la richesse – tant matérielle que spirituelle – est un phénomène naturel, fruit du mariage du Temps et du Travail humain ; il saura et enseignera que la richesse du monde à un moment donné est presque entièrement le fruit *hérité* du temps et du travail des morts ; et ainsi il demandera : À qui appartient en droit l'héritage ? Appartient-il de droit à Smith et Brown ? Si oui, *pourquoi* ?

Ou est-ce que cela appartient de droit à l'homme, à l'humanité ? Si oui, *pourquoi* ? Et qu'inclut « l'humanité » ? Uniquement les vivants, qui sont relativement peu nombreux ? Ou à la fois les vivants et les enfants à naître ? L'économie de la virilité de l'humanité ne se contentera pas de poser ces questions, mais elle y répondra et y répondra correctement. En cherchant les réponses, il découvrira des vérités évidentes et de nombreux mots anciens acquerront de nouvelles significations cohérentes avec la nature temporelle de l'homme. Il découvrira et enseignera que les facteurs déterminants du temps d'une génération donnée sont à la fois *la postérité* et *l'ascendance* – la postérité des morts, l'ascendance de toutes les générations à venir ; il découvrira et enseignera que dans cette double relation temporelle unissant le passé et le futur en une seule Réalité vivante et croissante, se trouvent les obligations d'une éthique temporelle et le siège de son autorité ; l'économie saura et enseignera que la postérité *humaine* – la postérité qui s'attache au temps – ne peut pas hériter des fruits du temps et du labeur des hommes morts *comme les animaux héritent des fruits sauvages de la terre, pour se battre pour eux et les dévorer*, mais seulement en tant que *dépositaires* de les générations à venir ; il saura et enseignera que le désir « capitaliste » de *garder* pour SOI et le désir « prolétarien » d'*acquérir* pour SOI sont tous deux des désirs *qui s'attachent à l'espace* – un désir animal – en dessous du niveau de la vie qui se lie au temps. L'économie de l'humanité saura et enseignera que les énergies caractéristiques de l'homme en tant qu'homme sont par *nature* des énergies civilisatrices, des énergies productrices de richesse, des énergies qui lient le temps, les énergies paisibles de l'esprit inventif, de la connaissance, de la compréhension, de l'habileté et de la lumière croissantes. ; il saura et enseignera que ces énergies des hommes existants s'unissent à un milliard six cent millions de puissances « d'homme-soleil » disponibles unies aux dix milliards de « puissances d'homme des morts » vivantes, si elles ne sont pas gaspillées par l'ignorance et l'égoïsme. , par les conflits et la compétition caractéristiques des bêtes, sont plus que suffisants pour produire un ordre élevé de prospérité croissante partout dans le monde ; dans la période de sa virilité, l'économie découvrira et enseignera que pour produire la prospérité mondiale, la coopération – non pas la lutte de l'homme contre l'homme – mais la coopération pacifique de tous est à la fois nécessaire *et* suffisante ; il saura et enseignera qu'une telle coopération exige un leadership *scientifique et un objectif* commun ; elle saura cependant et enseignera, car la leçon de l'Allemagne est claire, que la connaissance scientifique et un objectif commun ne suffisent pas à eux seuls ; il saura, enseignera et tous comprendront que le but commun, le principe unificateur, la base de la coopération, ne peut être le bien-être d'une famille, ni celui d'une province, ni d'un État, ni d'une race, mais doit être le bien-être de toute l' *humanité* . , la prospérité de l'humanité, la richesse du monde – la production pacifique de richesse sans la destruction de la guerre.

Dans la virilité de l'humanité, le patriotisme – l'amour de la patrie – ne périra pas – loin de là – il grandira pour embrasser le monde, car votre pays et le mien seront le monde. Votre « État » et le mien seront l'État humain – un Commonwealth coopératif d'hommes – une démocratie de fait et pas seulement de nom. Ce sera une incarnation organique naturelle des énergies civilisatrices – les énergies génératrices de richesse – caractéristiques de la classe humaine. Ses affaires plus vastes seront guidées par la science et l'art de l'ingénierie humaine – non pas par des « politiciens » ignorants et corrompus – mais par des hommes scientifiques, par des hommes honnêtes qui *savent* .

Est-ce un rêve ? C'est *un* rêve, mais le rêve deviendra réalité. C'est un rêve scientifique et la science en fera une réalité vivante.

Comment faire ? Personne ne peut prévoir tous les détails, mais dans ses grandes lignes, le processus est clair. La violence est à éviter. Il doit y avoir une période de transition, une période d'ajustement. Une première étape naturelle serait probablement la création d'une nouvelle institution que l'on pourrait appeler un Département Dynamique – Département de Coordination ou Département de Coopération – le nom importe peu, mais ce serait le noyau de la nouvelle *civilisation* . Ses fonctions seraient celles d'encourager, d'aider et de protéger les gens dans des entreprises coopératives telles que l'agriculture, l'industrie manufacturière, la finance et la distribution.

La Direction de la Coopération devrait comprendre différentes sections qui pourraient être les suivantes :

(1) *La Section de Sociologie Mathématique* ou *Humanologie* : composée d'au moins un sociologue, un biologiste, un ingénieur mécanicien et un mathématicien. Leur travail serait le développement de l'ingénierie humaine et de la sociologie mathématique ou humanologie ; promouvoir le progrès de la science; assurer et superviser l'enseignement de la théorie des valeurs et des rudiments d' humanologie pour les écoles élémentaires et le grand public. *Les membres de la section seraient sélectionnés par les sociétés scientifiques compétentes pour une durée fixée par les sélectionneurs.*

(2) *La Section de Législation Mathématique* : composée (disons) d'un juriste, d'un mathématicien, d'un ingénieur en mécanique, choisis comme ci-dessus. Leur tâche serait de recommander une législation, de fournir des moyens pour éliminer le « légalisme » de la théorie et de la pratique du droit, et de mettre la jurisprudence en accord avec les lois de la nature humaine contraignantes dans le temps et avec les besoins changeants de la société humaine. Leurs propositions législatives, si elles sont ratifiées lors d'une session conjointe des sections (1) et (2), seraient ensuite recommandées aux organes législatifs appropriés.

(3) *La Section Pédagogique* : composée de deux ou trois professeurs, un sociologue, un ingénieur mécanicien, un mathématicien, choisis comme ci-dessus. Ils élaboreraient des projets éducatifs et réviseraient les méthodes et les manuels scolaires ; leurs décisions étant soumises à l'approbation de la séance conjointe des sections (1), (2) et (3).

(4) *La Section Coopérative* : composée d'ingénieurs mécaniques, d'ingénieurs chimistes, d'ingénieurs de production, d'experts comptables, de comptables, de chefs d'entreprise, d'avocats et d'autres spécialistes dans leurs domaines respectifs. Cette section serait une « Croix -Rouge industrielle » (Charles Ferguson) donnant des conseils d'experts à la demande d'une société coopérative.

(5) *La Section des Banques Coopératives* : composée d'experts financiers, de sociologues et de mathématiciens ; sa mission est d'aider par des conseils avisés les nouvelles banques populaires coopératives.

(6) *La Section des Promoteurs* : composée d'ingénieurs dont la tâche serait d'étudier tous les faits scientifiques les plus récents, de collecter des données et d'élaborer des plans. Ces plans seraient publiés et aucune personne privée, mais uniquement les sociétés coopératives, ne serait autorisée par la loi à les utiliser. Le département étudierait et donnerait également des conseils concernant les conditions générales du marché et les besoins des différentes lignes de production. Cet article réglementerait la duplication de la production.

(7) *La Section Agricole* : composée de spécialistes de l'agriculture scientifique et coopérative.

(8) *La Section Etrangère* : pour les relations extérieures intercoopératives.

(9) *La Section Commerciale* .

(10) *La Section Actualités* : éditer un grand journal quotidien donnant des nouvelles *vraies* et *sans couleur* avec un supplément spécial relatif aux progrès des travaux de l'ingénierie humaine. Ce journal donnerait quotidiennement des informations sur l'ensemble du mouvement coopératif, les marchés, etc., etc.

Tous les hommes sélectionnés pour ce travail devraient être les meilleurs hommes de la nation. Ils devraient être bien payés pour leur permettre de consacrer toute leur énergie et leur temps à leurs fonctions. Toutes les sélections pour ce travail doivent être faites de la même manière que celle mentionnée ci-dessus – sur la base de mérites avérés et non d'un discours habile. De telles nominations devraient être considérées comme la plus haute distinction qu'un pays puisse offrir à ses citoyens. Chaque sélection doit démontrer que la personne sélectionnée était une personne possédant les plus hautes connaissances dans le domaine de son travail.

Les grandes lignes de ce plan sont vagues ; il vise simplement à être suggestif. Son objectif principal est d'accentuer la nécessité impérieuse d'établir une agence nationale contraignant le temps - un département dynamique pour stimuler, guider et protéger les énergies civilisatrices, les énergies productrices de richesse, les énergies fixant le temps, en vertu desquelles les êtres humains sont des êtres humains. . Car alors et seulement alors, le bien-être humain, sans être retardé par des conceptions monstrueuses et erronées de la nature humaine, par une éthique vicieuse, une économie vicieuse et une politique vicieuse, progressera pacifiquement, continuellement et rapidement, sous la direction de l'ingénierie humaine, avec bonheur et sans crainte, en accord avec la loi exponentielle – la loi *naturelle* – des énergies temporelles de l'Homme.

Chapitre X
Conclusion

« En Europe, nous savons qu'une époque est en train de mourir. Ici, il serait facile de passer à côté des signes de changements à venir, mais je suis convaincu que cela se produira. La prise de conscience du *caractère sans but* d'une vie vécue pour travailler et mourir, n'ayant réussi qu'à éviter la famine et la naissance d'enfants également voués à un tapis roulant fatigué, a saisi l'esprit de millions de personnes. *Sir Auckland Geddes, ambassadeur britannique aux États-Unis en 1920.*

En conclusion, permettez-moi de dire très brièvement, comme je l'ai dit au début, que ce petit livre se veut une simple esquisse. Le problème de la vie est ancien. J'ai essayé de l'aborder d'une manière nouvelle, avec une nouvelle méthode, dans un nouvel esprit, d'un nouveau point de vue. La littérature sur le sujet est vaste. Il fait preuve d'une grande connaissance et compétence. Une grande partie est destinée à informer et à inspirer ceux qui lisent réellement avec un véritable désir de comprendre. Sa faiblesse tient à l'absence d'une véritable conception de ce qu'est l'être humain. C'est ce qui me manque et c'est ce manque de pensée fondamentale et centrale que je me suis efforcé de combler. Si j'y parviens, je n'ai aucune crainte : tout le reste suivra rapidement, inévitablement, comme une évidence. Car une conception fondamentale, une fois formée et exprimée, possède un étrange pouvoir : le pouvoir de mobiliser la pensée et la coopération de nombreux esprits. Et aucune conception ne peut avoir un plus grand pouvoir dans notre monde humain qu'une *véritable* conception de la nature de l'Homme. Pour cette vérité la plus importante, les temps sont mûrs ; le monde est rempli des souvenirs les plus tristes, de tristesse, de pressentiments et de peur. Sans la vérité sur cette question, il ne peut y avoir d'espoir rationnel : l'histoire doit poursuivre son cours lamentable ; mais *avec* la vérité, il n'y a pas seulement de l'espoir mais la certitude que l'ordre ancien est révolu et que la virilité de l'humanité date d'aujourd'hui. Que j'aie présenté ici la vérité sur cette question, la véritable conception de la classe humaine de la vie, je n'en doute personnellement pas ; et je n'ai aucun doute que cette conception doit être la base, le guide, la source de lumière d'une nouvelle civilisation. Que je me trompe ou non, le temps décidera. Je ressens ce que Buckle a ressenti en écrivant son *Histoire de la civilisation* :

« La question de savoir si j'ai réalisé ou non quelque chose ayant une valeur réelle (...) est une question qu'il appartient aux juges compétents de trancher. De ce point du moins, je suis certain que, quelles que soient les imperfections observées, la faute ne réside pas dans la méthode proposée, mais dans l'extrême difficulté qu'éprouve un seul homme à mettre pleinement en œuvre toutes les parties d'un si vaste projet. C'est sur ce point, et sur ce seul point, que j'éprouve le besoin d'une grande indulgence. Mais quant au plan lui-même, je n'ai aucune appréhension. Des défauts dans son exécution je ne suis pas inconscient. Je ne peux qu'invoquer l'immensité du sujet, la brièveté d'une seule vie et l'imperfection de chaque entreprise. Je souhaite donc que cette œuvre soit appréciée, non pas en fonction de la finition de ses parties distinctes, mais en fonction de la manière dont ces parties ont été fusionnées en un tout complet et symétrique. C'est ce que j'ai le droit de m'attendre, dans une entreprise d'une telle nouveauté et d'une telle ampleur, et j'ajouterais en outre que si le lecteur a rencontré des opinions contraires aux siennes, il doit se rappeler que ses opinions sont peut-être les meilleures. les mêmes que celles que j'avais moi aussi autrefois, et que j'ai abandonnées, parce que, après des études plus larges, je les ai trouvées sans appui sur des preuves solides, subversives pour l'intérêt de l'homme et fatales au progrès de ses connaissances. Examiner les notions dans lesquelles nous avons été éduqués, et nous détourner de celles qui ne supportent pas l'épreuve, est une tâche si pénible, que ceux qui reculent devant les souffrances devraient s'arrêter avant de faire des reproches à ceux par qui la souffrance est subie. ... Il ne faut pas infirmer les conclusions ainsi obtenues en affirmant qu'elles mettent en danger d'autres conclusions ; ils ne peuvent même pas être affectés par des allégations contre leur prétendue tendance. Les principes que je préconise reposent sur des arguments distincts étayés par des faits bien établis. Les seuls points à vérifier sont donc de savoir si les arguments sont justes et si les faits sont certains. Si ces deux conditions ont été respectées, les principes s'ensuivent par une inférence inévitable.

Et pourquoi ai-je cherché partout à suivre l'esprit des mathématiques ? Parce que j'ai eu affaire à des idées et que j'ai voulu avant tout être juste et clair. Les idées ont leur propre caractère : elles sont bonnes ou fausses indépendamment de nos espoirs, de nos passions et de notre volonté. Dans la connexion des idées, il existe un fil indissoluble du destin. C'est pourquoi, dans sa *Philosophie mathématique,* le professeur Keyser a dit avec raison :

> « Les mathématiques sont l'étude du destin – non pas au sens physique du terme, mais au sens du fil conducteur qui relie la pensée à la pensée et les conclusions à leurs prémisses. Où est donc notre liberté ? Qu'aimes tu? Peinture? Poésie? Musique? Les muses sont *leur* destin. Celui qui les aime est libre. La logique est la muse de la pensée.

Il ne fait aucun doute que les mathématiques sont véritablement impersonnelles dans leur méthode ; trop impersonnel peut-être pour plaire aux sentimentaux avant qu'ils prennent le temps de réfléchir ; L'analyse mathématique des phénomènes de la vie élève notre point de vue au-dessus de la passion, au-dessus de l'égoïsme sous toutes ses formes et, par conséquent, c'est la seule méthode qui peut nous révéler de véritables vérités sur nous-mêmes. Spinosa, même au XVIIe siècle, avait bien compris ce fait et, bien qu'imparfait à bien des égards, il constituait un effort dans la bonne direction et cette conclusion citée pourrait bien être une conclusion pour nous-mêmes au XXe siècle :

> « La vérité aurait pu rester à jamais cachée au genre humain, si les mathématiques, qui ne regardent pas la cause finale des figures, mais leur nature essentielle et les propriétés qu'elles impliquent, n'avaient pas mis devant elles un autre type de connaissance... Quand j'ai abordé ce sujet, je ne me suis proposé aucun but nouveau ou étrange, mais simplement de démontrer par une raison certaine et indubitable ce qui s'accorde le mieux avec la pratique. Et afin que je puisse étudier les questions scientifiques avec la même liberté d'esprit avec laquelle nous avons l'habitude de traiter les lignes et les surfaces en mathématiques ; J'étais déterminé à ne pas rire ni à pleurer sur les actions des hommes, mais simplement à

les comprendre ; et de contempler leurs affections et passions, telles que l'amour, la haine, la colère, l'envie, l'arrogance, la pitié et tous les autres troubles de l'âme, non pas comme des vices de la nature humaine, mais comme des propriétés qui lui appartiennent au même titre que la chaleur, le froid, la tempête. , le tonnerre se rapporte à la nature de l'atmosphère. Car celles-ci, bien que gênantes, sont néanmoins nécessaires et ont certaines causes par lesquelles nous pouvons parvenir à les comprendre, et ainsi, en les contemplant dans leur vérité, procurer à notre esprit beaucoup de joie, comme par la connaissance des choses qui plaisent à l'esprit. sens. »

Si seulement ce petit livre initiait *l'*étude scientifique de l'Homme, j'en serais heureux ; car alors nous pouvons espérer avec confiance une science et un art qui sauront comment diriger les énergies de l'homme vers le progrès du bien-être humain.

Quoi d'autre? De nombreux sujets n'ont même pas été abordés. L'énergie qui lie le temps : que ne pourra-t-elle pas accomplir au cours des éons à venir ? Quelle lumière ne peut-elle pas encore jeter sur des phénomènes aussi fondamentaux que *l'Espace* , *le Temps* , *l'Infini* , etc. ? Quelles sont, le cas échéant, les limites de la contrainte temporelle ? En cela sont impliquées d'une manière ou d'une autre toutes les fonctions supérieures de l'esprit. Le Temps est-il identique à l'Intelligence ? L'un d'eux est-il la cause de l'autre ? Le Temps est-il *dans* le Cosmos ou ce dernier est-il dans le premier ? Le Cosmos est-il intelligent ? Les domaines que l'étude scientifique de l'homme ouvrira à la recherche sont sans aucun doute nombreux et merveilleux.

Annexe I. Mathématiques et liaison temporelle

Le but de cet appendice est d'exprimer quelques idées nouvelles qui découlent directement du fait que les humains sont limités par le temps et qui peuvent servir de suggestions pour la fondation de la psychologie *scientifique* . Le problème est extrêmement difficile à exprimer sous quelque forme que ce soit et donc beaucoup plus difficile à exprimer sous une forme exacte ou correcte. Je demande donc au lecteur de faire preuve de patience en ce qui concerne la langue, car certaines idées sont en elles-mêmes correctes et parfois très suggestif malgré le langage utilisé. Je souhaite particulièrement que les mathématiciens, les physiciens et les métaphysiciens le lisent attentivement, me pardonnent la forme et examinent les suggestions, car la psychologie scientifique, pour qu'une telle science puisse exister, devrait nécessairement être une branche de la physique. Je supplie particulièrement les mathématiciens et les physiciens de ne pas écarter cette annexe avec un jugement trop hâtif du type « Oh ! métaphysique », et aussi aux métaphysiciens de ne pas faire de même avec un jugement tout aussi hâtif : « Oh ! mathématiques." J'espère que si cette annexe est bien comprise, les mathématiciens et les physiciens seront incités à étudier le problème. Si les mathématiciens et les physiciens étaient plus tolérants à l'égard de la métaphysique et si les métaphysiciens étaient incités à étudier les mathématiques, tous deux trouveraient d'énormes domaines dans lesquels travailler.

Certains scientifiques sont très pédants et donc intolérants dans leur pédantisme et ils peuvent dire que « l'homme devrait d'abord apprendre à s'exprimer et ensuite solliciter notre attention ». Ma réponse est que les problèmes impliqués sont trop urgents, trop vitaux, trop fondamentaux pour l'humanité, pour me permettre d' attendre peut-être de longues années avant de pouvoir présenter le sujet sous une forme correcte et satisfaisante, et aussi que les problèmes impliqués couvrir un champ trop vaste pour qu'un seul homme puisse le travailler de manière concluante. Il semble préférable de présenter les nouvelles idées au public sous une forme suggestive afin que de nombreuses personnes puissent être amenées à y travailler plus pleinement.

Le vieux mot « métaphysique » est un enfant illégitime de l'ignorance et un mot inutile dans l'étude scientifique de la nature. Tout phénomène naturel peut être classé et étudié en physique, en chimie ou en mathématiques ; le problème n'est donc en aucune manière *surnaturel* ou *surphysique* , mais appartient plutôt à une branche inconnue ou sous-développée de la physique. Le problème n'est donc peut-être pas celui d'une science *nouvelle* , mais plutôt celui d'une nouvelle branche des mathématiques, ou de la physique, ou de la chimie, etc., ou de toutes ces disciplines combinées.

Il est pathétique que ce n'est qu'après de nombreux éons d'existence humaine que la dimensionnalité de l'homme ait été découverte et que son statut propre dans *la nature* ait été donné par la définition de « relieur de temps ». L'ancienne métaphysique, bien qu'elle soit loin d'être exacte, a accompli beaucoup. Ce qui a empêché la métaphysique d'accomplir davantage, c'est son utilisation de méthodes non mathématiques ou, pour être plus explicite, son incapacité à comprendre l'importance des dimensions. La métaphysique utilisait des mots et des conceptions aux significations multidimensionnelles qui aboutissaient nécessairement à une confusion désespérée, à un « discours » sur les mots, à un simple verbalisme. Un exemple servira à illustrer cela. Si nous devions parler d'une vache, d'un homme, d'une automobile et d'une locomotive comme de « tireurs », et si nous n'utilisions aucun autre nom en relation avec eux, que se passerait-il ? Si nous caractérisions ces choses ou ces êtres par une caractéristique commune, à savoir « tirer », le chaos serait introduit dans nos conceptions et dans la vie pratique ; nous essayions de traire une automobile ou nous essayions d'extraire de l'essence d'une vache, ou de chercher une vis chez un homme, ou nous spéculions sur tout ou partie de ces choses. Trop manifestement absurde — mais c'est exactement la même chose qui se produit, de manière beaucoup plus subtile, lorsque nous utilisons des mots tels que « vie dans un cristal » ou « mémoire chez les animaux » ; nous commettons ainsi mentalement une erreur non moins absurde que ne le serait le discours sur la « traite d'une automobile » . Les profanes sont déconcertés par le mot dimension. Ils imaginent que les dimensions ne s'appliquent qu'à l'espace, qui est tridimensionnel, mais ils se trompent ; un objet en mouvement est à quatre dimensions, c'est-à-dire qu'il a trois dimensions comme tout objet au repos, mais, lorsque l'objet est en mouvement, une quatrième dimension est nécessaire pour donner sa position à un instant *donné* . On voit donc qu'un corps en mouvement a quatre dimensions, et ainsi de suite. En fait, la psychologie scientifique aura grandement besoin des mathématiques, mais de mathématiques *humanisées particulières* . Est-ce que cela peut être produit ? Il me semble que c'est possible.

C'est un fait bien connu que les sciences expérimentales nous mettent en face de faits qui nécessitent une élaboration théorique plus poussée ; les sciences expérimentales sont ainsi une source permanente d'inspiration pour les mathématiciens, car des faits nouveaux entraînent le besoin de nouvelles méthodes d'analyse.

Dans ce livre, un fait nouveau et expérimental a été révélé et analysé . C'est le fait que l'humanité est une classe de vie limitée dans le temps, où la capacité de liaison temporelle ou l'ÉNERGIE DE LIAISON TEMPORELLE est la fonction la plus élevée de l'humanité, y compris tous les pouvoirs dits mentaux, spirituels, de volonté, etc. En utilisant les mots pouvoirs mental, spirituel et volonté, je les accepte et les utilise délibérément dans le sens populaire et ordinaire sans les analyser davantage .

Une fois que le mot et le concept *Temps* entrent en jeu, le terrain de l'analyse et du raisonnement devient immédiatement très glissant. Les mathématiciens, les physiciens, etc. peuvent penser que l'expression est simplement « bien adaptée » et ne pas être très enclins à l'examiner de plus près ou à l' analyser attentivement . Les théologiens et les métaphysiciens spéculeront probablement beaucoup à ce sujet de manière vague, avec des termes indéfinis et des idées incohérentes , avec des résultats incohérents ; ce qui ne nous mènera pas vers une solution scientifique ou vraie, mais nous éloignera de la découverte de la vérité.

Entre- temps , deux faits restent des faits : à savoir que les mathématiciens et les physiciens sont presque tous d'accord avec Minkowski « que l'espace en soi et le temps en soi ne sont que de simples ombres et que seule une sorte de mélange des deux existe en soi ». L'autre fait – un fait psychologique – est que *le temps* existe psychologiquement par lui-même, indéfini et non compris. L'une des principales difficultés réside toujours dans le fait que les humains doivent toujours juger leur propre cas. Le temps psychologique en tant que tel est notre propre temps humain ; le temps scientifique en tant que tel est aussi notre propre temps humain. Lequel d'entre eux est le meilleur concept – lequel correspond le plus à la vérité sur le « temps » ? De toute façon, quelle est l'heure (le cas échéant) ? Jusqu'à présent, nous sommes passés du « Cosmos » au « Bios », du « Bios » au « Logos », maintenant nous sommes confrontés au fait que « Logos » – Intelligence – et Liaison temporelle sont dangereusement proches l' un de l'autre, ou peut être identique. Devons-nous ainsi nous rapprocher ou revenir au « Cosmos » ? Telles sont les questions cruciales que soulève cette nouvelle conception de l'Homme. Il faut garder à l'esprit un fait : « les principes de la dynamique nous sont apparus d'abord comme des vérités expérimentales ; mais nous avons été obligés de les utiliser comme définitions. C'est par définition que la force est égale au produit de la masse par accélération, ou que l'action est égale à la réaction. (*La Fondation de la Science* , par Henri Poincaré) ; et les mathématiques aussi ont tout leur fondement dans quelques axiomes, « évidents », mais *faits psychologiques* . Il faut noter que l'énergie de liaison temporelle – les énergies supérieures ou les plus élevées de l'homme (une de ses branches en tout cas, par souci de discrimination, appelons-la « M ») lorsqu'elle fonctionne correctement, c'est-à-dire mathématiquement , ne fonctionne pas . *psychologiquement* mais fonctionne DE MANIÈRE ABSTRAITE : plus l'abstraction est élevée, moins il y a d'élément psychologique et plus il y a, pour ainsi dire, d' énergie pure et impersonnelle qui lie le temps (M). La définition de l'homme en tant que limiteur de temps – une définition basée sur des faits – suggère de nombreuses réflexions. L'une d'entre elles est la possibilité que l'une des fonctions de l'énergie qui lie le temps, dans sa forme pure, dans l'abstraction la plus élevée (M), fonctionne automatiquement — à la manière d'une machine, pour ainsi dire, façonnant *correctement* le produit de son activité, mais que ce soit *vraiment* une autre affaire. Les mathématiques ne présupposent pas que leurs conclusions sont vraies, mais elles affirment que leurs conclusions sont correctes ; c'est la valeur inestimable des mathématiques. Cela devient un fait très complet si nous abordons et analysons les processus mathématiques comme une branche (M) du processus de liaison temporelle, ce qu'ils sont ; alors ce processus devient à la fois impersonnel et cosmique, en raison de la contrainte temporelle qu'il implique, quel que soit *le temps* (si le temps existe).

La succession du cosmos, du bios, du logos, du temps nous ramène-t-elle à nouveau au cosmos ? Maintenant, si nous introduisons des axiomes *psychologiques dans l'appareil de fixation du temps, les résultats seront correctement* analysés , mais la question de savoir si les résultats sont *vrais* est une autre question.

Pour pouvoir parler de ces problèmes, je dois introduire trois nouvelles définitions, qui ne sont introduites qu'à des fins pratiques. Il se peut qu'après quelques reformulations, ces définitions deviennent scientifiques.

Je vais essayer de définir la « vérité » et à cet effet je diviserai le concept « vérité » en trois types :

(1) Vérité psychologique, ou privée, ou relative, par laquelle j'entendrai les conceptions de la vérité que possède toute personne, mais différentes des autres types de vérité (α_1, α_2, ... α_n)

(2) La vérité scientifique (α_s), par laquelle j'entendrai une vérité psychologique lorsqu'elle est approuvée par les facultés ou appareils contraignants dans le temps au stade actuel de notre développement. Cette vérité scientifique représente le « temps limité » dans nos connaissances actuelles ; et enfin,

(3) La vérité absolue, qui sera la *définition finale* d'un phénomène basé sur la connaissance finale de *la causalité primale valable à l'infini* .

Par souci de simplicité, j'utiliserai les signes α_1, α_2, ... α_n pour le « psychologique », des vérités « privées » ou « relatives » , entre lesquelles, pour le moment, je ne ferai aucune distinction.

α_{s1}, α_{s2}, ... α_{sn}, seront utilisés pour les vérités scientifiques, et enfin $\alpha_{infinity}$ pour la vérité absolue valable à l'infini.

Pour faciliter l'explication, j'illustrerai les suggestions par un exemple. Supposons que les capacités ou énergies humaines de liaison temporelle dans la chimie *organique* correspondent au radium dans la chimie *inorganique* ; étant bien entendu de dimensions différentes et de caractère absolument différent. Il peut arriver, car c'est probablement le cas, que l'énergie complexe qui lie le temps ait de nombreux stades de développement différents et différents types de « rayons ». A , B , C , ... M ....

Supposons que les soi-disant capacités mentales soient les rayons M de l'énergie qui lie le temps ; les capacités « spirituelles » , les rayons A ; les pouvoirs de « volonté » , les rayons B ; et ainsi de suite. Les vérités psychologiques seront alors fonction de tous les rayons ensemble, à savoir A B C ... M ... ou f (*UNE* B C ... M ...), la nature de toute « vérité » en question dépendra largement de celui de ces éléments qui prévaudra.

S'il était possible d'isoler complètement des autres rayons le processus « mental » – le « logos » – les rayons M – et d'obtenir une abstraction complète (qui, dans le présent, ne peut être qu'en mathématiques), alors le travail de M pourrait être par rapport au travail d'une machine impersonnelle qui donne toujours le même produit *correctement formé* , *quel que soit* le matériau mis dedans.

C'est un fait que les mathématiques sont correctes, impersonnelles et sans passion. Encore une fois, en fait, tous les axiomes fondamentaux qui sous-tendent les mathématiques sont des « axiomes psychologiques » ; il peut donc arriver que ces « axiomes » ne soient pas du type α infini mais soient du type f (A B C ...) type personnel et c'est peut-être pourquoi les mathématiques ne peuvent pas rendre compte des faits psychologiques. Si la psychologie doit être une *science exacte* , elle doit être en principe mathématique. C'est pourquoi les mathématiques doivent trouver un moyen d'embrasser la psychologie. Je m'efforcerai ici de décrire la manière dont cela peut être fait. L'exprimer correctement est plus que difficile : je supplie le lecteur mathématique de tolérer la forme et de chercher le sens, voire les sentiments, dans ce que j'essaie d'exprimer. Pour que cela choque moins l'oreille du mathématicien pur, j'utiliserai pour les « infinitésimaux » les mots « très petits nombres », pour les « finis » les mots « nombres normaux » et pour les « transfinis » les mots « très petits ». un grand nombre. » Au lieu d'utiliser le mot « nombre », j'utiliserai parfois le mot « grandeur » et sous le mot « infini », je comprendrai le sens de « illimité ». La base de l'ensemble des mathématiques, ou plutôt le point de départ des mathématiques, étaient les « vérités psychologiques », les axiomes concernant les nombres normaux et les grandeurs tangibles pour les sens. C'est là, à mon avis, que se trouve le noyau de tout le problème. La *base* des mathématiques était f (A B CM ...) ; le *travail*, ou le développement, des mathématiques est f (M) ; c'est la raison des « fantômes » à l'arrière-plan des mathématiques. Le f (M) a évolué à partir de ce f (A B C ... M ...) *base* une merveilleuse théorie abstraite absolument correcte pour les nombres normaux, les très petits et les très grands. Mais les règles qui régissent les petits nombres, les nombres normaux ou psychologiques, et les grands nombres ne sont pas les mêmes. En fait, le monde physique, le monde psychologique, est composé exclusivement de très grands nombres et de très petites grandeurs (atomes, électrons, etc.). Il me semble que, si nous voulons vraiment comprendre le monde et l'homme, il faudra partir du début, de 0, puis prendre le prochain très petit nombre *comme premier nombre fini ou «* normal » ; alors les anciens nombres finis ou les nombres normaux deviendraient de très grands nombres et les anciens très grands nombres deviendraient les très grands du second ordre et ainsi de suite. De telles mathématiques transposées deviendraient des mathématiques psychologiques et philosophiques et la philosophie mathématique deviendrait des mathématiques philosophiques. L'effet immédiat et le plus vital serait que le *départ* se fasse non pas quelque part au milieu des grandeurs mais depuis le début, ou depuis la limite « zéro », depuis le « 0 » – depuis l'intrinsèque « être ou ne pas être ». être » - et à côté serait la toute première petite grandeur, le continuum physique et donc psychologique (j'utilise les mots continuum physique à la manière de Poincaré) deviendrait un continuum mathématique dans ces nouvelles mathématiques philosophiques. Cette nouvelle branche des mathématiques philosophiques et psychologiques serait absolument rigoureuse, correcte et *vraie* en plus de laquelle, peut-être, elle changerait ou élargirait et rendrait humainement tangible pour le profane, le concept de nombres, de continuum, d'infini, d'espace, de temps, etc. sur. De telles mathématiques seraient les mathématiques de la psychologie temporelle. La philosophie mathématique est la plus haute philosophie qui existe ; néanmoins, elle pourrait être transformée en un ordre encore plus élevé de la manière indiquée ici et devenir des mathématiques philosophiques ou psychologiques. Bien entendu, cette nouvelle science ne changerait pas les mathématiques ordinaires à des fins ordinaires. Ce serait une mathématique particulière pour l'étude de l'Homme, traitant uniquement des « finis naturels » (les anciens infinitésimaux) et de grands nombres d'ordres différents (y compris les nombres normaux), mais partant d'une base réelle commune – de 0, et à côté, un très petit nombre, qui constitue une base *tangible commune* pour les vérités *psychologiques* et *analytiques* .

Ces nouvelles mathématiques philosophiques élimineraient le concept d' « infinitésimaux » en tant que tel, qui est un concept *artificiel* et n'est pas en tant que *concept* un élément de la Nature. Les soi-disant *infinitésimaux sont les finis réels et naturels de la nature* . En mathématiques, les infinitésimaux étaient une nécessité analytique – un « M » – temporelle – en raison de notre point de départ. Je répète encore une fois que cette transposition de notre point de départ n'affecterait pas les mathématiques normales à des fins normales ; il s'agirait plutôt de construire une nouvelle mathématique philosophique rigoureusement correcte où les faits analytiques seraient aussi des faits psychologiques. Ces nouvelles mathématiques donneraient non seulement des résultats corrects mais aussi des résultats *vrais* . En gardant à l'esprit *les deux* conceptions du temps, le temps scientifique et le temps psychologique, nous pouvons voir que la capacité humaine de « lier le temps » est très pratique et que cette faculté de lier le temps est un nom *fonctionnel* et une définition de ce que nous avons. au sens large par « intelligence » humaine ; ce qui montre clairement que le temps (dans n'importe quelle compréhension du terme) est en quelque sorte très étroitement lié à l'intelligence – aux activités mentales et spirituelles de l'homme. *Tout ce que nous savons sur* le « temps » *nous en apprendra beaucoup sur l'Homme, et tout ce que nous savons sur l'Homme nous en apprendra beaucoup sur le temps* , si l'on considère uniquement *les faits* . Les « fantômes » en arrière-plan disparaîtront rapidement et deviendront des faits intelligibles pour les mathématiques philosophiques. L'importance la plus vitale, cependant, est qu'en prenant zéro comme limite et la grandeur suivante très petite comme point de départ réel, cela nous donnera une science mathématique à partir d'une base naturelle où les formules correctes seront aussi des formules vraies et *correspondront* à aux vérités psychologiques.

Nous avons découvert que l'homme est une fonction exponentielle dans laquelle le temps entre comme exposant. Si nous comparons la formule de croissance organique $y == e^{kt}$ avec la formule « PR^T », nous voyons qu'elles sont du même type et que la *loi de la croissance organique* s'applique à l' *énergie humaine de liaison temporelle* . Nous voyons également que l'énergie qui lie le temps est également « *vivante* » et se multiplie dans les familles de plus en plus nombreuses. La formule de décomposition du radium est la même : seul l'exposant est négatif au lieu de positif. Ce fait est en effet très curieux et suggestif. La procréation, la croissance organique, est aussi une fonction du temps. J'appelle « time-linking » par souci de différence. Je ne sais pas si l'énergie de la procréation ou celle de la « liaison temporelle » peut être expliquée en unités d'énergie chimique absorbées dans les aliments. Ce n'est pas le cas de l'esprit, cette énergie exponentielle supérieure « contraignante dans le temps » , « capable de diriger les pouvoirs de base ». Si nous analysons cette énergie, libre de toute spéculation, nous constaterons que cette énergie supérieure qui est en quelque sorte directement liée au « temps » – quel que soit le temps – est capable de *produire* , par transformation ou en puisant dans d'autres sources d'énergie, de nouvelles énergies inconnues de la nature. Ainsi, l'énergie solaire transformée en charbon est, par exemple, transformée en énergie d'entraînement d'un piston, ou en énergie de rotation dans une machine à vapeur, et ainsi de suite. Il est évident qu'aucune quantité d' énergie *chimique* présente dans les aliments ne peut représenter une énergie telle que l'énergie de liaison temporelle. Il ne reste qu'une seule supposition, à savoir que l'appareil de liaison du temps a une source pour sa formidable énergie dans la *transformation des atomes organiques* et, ce qui est très caractéristique, les résultats sont des énergies de liaison *du temps* .

Cette supposition est presque une certitude car elle semble être la seule supposition possible pour rendre compte de cette énergie. Cette supposition, qui semble être la seule, nous amènerait à des faits frappants, à savoir la transformation des atomes organiques, ce qui signifie un appel direct à l'énergie cosmique ; et cette énergie cosmique – le temps – et l'intelligence sont en quelque sorte liées – voire équivalentes. Heureusement , ces choses peuvent être vérifiées dans les laboratoires scientifiques. Le radium a été découvert il y a seulement quelques années et est encore très rare, mais les résultats pour la science et la vie sont déjà formidables car des méthodes scientifiques ont été appliquées pour le comprendre et l'utiliser. Nous n'avons utilisé aucune méthode zoologique ou théologique, mais seulement des méthodes directes, correctes et scientifiques. Le « radium humain » n'est pas rare , mais, à ma connaissance, les physiciens n'ont jamais tenté d'étudier cette énergie de ce point de vue. Je suis convaincu que, s'ils commencent, ils obtiendront des résultats qui permettront à tous les soi- disant Les phénomènes « surnaturels, spirituels, psychiques » , qui ne sont pas faux, seront scientifiquement compris et seront consciemment utilisés. Aujourd'hui, ils sont pour la plupart gaspillés ou simplement utilisés. Il se peut que la science de l'Homme – en tant que science de la fixation du temps – nous révèle les secrets intérieurs et finaux – la vérité ultime – de la nature, valable dans l'infini.

Il est très difficile de donner dans un livre comme celui-ci une liste adéquate de la littérature qui puisse aider le lecteur à orienter d'une manière générale les grands progrès réalisés par la science au cours des dernières années. Ce livre est à sa manière un livre pionnier et il n'existe donc aucun livre traitant directement de son sujet. Il existe deux branches de la science et un art qui sont fondamentaux pour le développement ultérieur du sujet ; ces deux sciences sont (1) la philosophie mathématique et (2) la biologie scientifique, l'art est l'art de l'ingénierie créative.

En philosophie mathématique, il n'existe, à ma connaissance, que quatre grands auteurs mathématiques qui traitent le sujet comme une science distincte. Il s'agit de deux scientifiques anglais, Bertrand Russell et AN Whitehead ; un Français, Henri Poincaré (décédé) ; et un Américain, le professeur CJ Keyser. MM. Russell et Whitehead abordent les problèmes d'un point de vue purement logique et c'est là que réside la valeur particulière de leur travail. Henri Poincaré était physicien (ainsi que mathématicien) et aborde donc les problèmes en quelque sorte d'un point de vue physicien, ce qui donne à sa philosophie sa valeur particulière. Le professeur Keyser aborde les problèmes d'un point de vue à la fois logique et chaleureux ; c'est là la grande valeur humaine et pratique de son œuvre.

Ces quatre scientifiques sont uniques dans leurs élaborations et élucidations respectives de la philosophie mathématique. Il ne m'appartient pas de conseiller le lecteur sur les choix à faire, car si une connaissance approfondie du sujet est souhaitée, le lecteur devrait lire tous ces livres, mais tous les lecteurs ne sont pas disposés à faire cet effort pour avoir une pensée claire (ce qui, entre - temps , restera de la *plus haute* importance en science). Certains lecteurs souhaiteront choisir eux-mêmes et pour faciliter leur sélection, je dresserai un « Menu » de cette fête intellectuelle en donnant dans certains cas les têtes de chapitre.

Pour de nombreuses raisons temporaires, je n'ai pas pu, avant de publier, donner une liste plus complète des écrits de ces quatre hommes uniques ; mais il n'y a aucun trait de leur plume qui ne doive être lu avec une grande attention, et il existe en outre une littérature très précieuse sur leur œuvre.

(1) Le fondement purement mathématique :

RUSSELL, BERTRAND.

«Les principes des mathématiques». Université de Cambridge, 1903.

(Je ne donne aucune sélection du contenu de ce livre car ce livre devrait, sans aucun doute, être lu par toute personne intéressée par la philosophie mathématique.)

«Les problèmes de la philosophie». H. Holt & Co., New York, 1912.

«Notre connaissance du monde extérieur, comme domaine de la méthode scientifique en philosophie.» Chicago, 1914.

«Introduction à la philosophie mathématique». Macmillan, État de New York

Sélection à partir du contenu : Définition du nombre. La définition de l'ordre. Types de relations. Nombres cardinaux infinis. Séries et ordinaux infinis. Limites et continuité. L'axiome de l'infini et des types logiques. Des classes. Mathématiques et logique.

«Mysticisme et logique». Longmans Green & Co. 1919. État de New York

Sélection du contenu : Les mathématiques et les métaphysiciens. Sur la méthode scientifique en philosophie. Les constituants ultimes de la matière. Sur la notion de cause.

WHITEHEAD, ALFRED N.

«Une introduction aux mathématiques.» Henry Holt & Co. 1911. New York

«L'organisation de la pensée éducative et scientifique». Londres, 1917.

Extraits du contenu : Les principes des mathématiques en relation avec l'enseignement élémentaire. L'organisation de la pensée. L'anatomie de quelques idées scientifiques. Espace, temps et relativité.

«Une enquête concernant les principes de la connaissance naturelle.» Cambridge, 1919.

Sélection à partir du contenu : Les traditions de la science. Les données de la science. La méthode d'abstraction extensive. La théorie des objets.

«Le concept de nature». Cambridge, 1920.

Sélection à partir du contenu : Nature et pensée. Temps. La méthode d'abstraction extensive. Espace et mouvement. Objets. Les concepts physiques ultimes.

«Principes mathématiques». Par AN Whitehead et Bertrand Russell. Cambridge, 1910-1913.

Cette œuvre monumentale est autonome. « En tant qu'ouvrage de critique constructive , il n'a jamais été surpassé. Pour chacun, et en particulier pour les philosophes et les hommes des sciences naturelles, c'est une révélation étonnante de la manière dont les termes familiers qu'ils utilisent plongent leurs racines profondément dans les ténèbres sous la surface du sens commun. C'est un noble monument à l'esprit critique de la science et à l'idéalisme de notre temps.

« La valeur humaine d'une réflexion rigoureuse. » CJ Keyser.

(2) Le point de vue du physicien :

POINCARÉ , HENRI.

«Les fondements de la science». The Science Press, New York, 1913.

Sélection à partir du contenu : Science et hypothèse. Nombre et ampleur. Espace. Forcer. Nature. II. La valeur de la science. Les sciences mathématiques. Les sciences physiques. La valeur objective de la science. III.

Science et méthode. La science et le scientifique. Raisonnement mathématique. La nouvelle mécanique. Sciences astronomiques.

(3) La vie humaine, civilisatrice, pratique, point de vue :

KEYSER, CASSIUS J.

«Science et religion: le rationnel et le super-rationnel.» La presse universitaire de Yale.

«Le nouvel infini et l'ancienne théologie.» La presse universitaire de Yale.

"La valeur humaine d'une réflexion rigoureuse." Essais et adresses. Presse universitaire de Columbia, 1916.

Sélection à partir du contenu : la valeur humaine d'une réflexion rigoureuse. La signification humaine des mathématiques. Les murs du monde ; ou concernant la figure et les dimensions de l'Univers de l'espace. L'univers et au-delà. L'existence de l' hypercosmique . L'axiome de l'infini : un nouveau présupposé de pensée. Recherche dans les universités américaines. Productivité mathématique aux États-Unis.

« Philosophie mathématique, étude du destin et de la liberté. Conférences pour les profanes instruits. Livre à paraître.

Sélection parmi des contenus d'intérêt général : Les obligations mathématiques de la philosophie. Enseignement humaniste et industriel. La logique, muse de la pensée. Aspects radieux d'un surmonde. — Vérificateurs et falsificateurs. Signification et absurdité. — Distinction du logique et du psychologique. Une épreuve de diamant d' harmonie . — Distinction de la doctrine et de la méthode. — Doute théorique et pratique. — La philosophie mathématique dans le rôle de critique. Un monde non critiqué : le jardin du diable. Sagesse « supersimienne » . Vérité autonome et mensonge autonome. Autres variétés de vérité et de mensonge. Les mathématiques comme étude du destin et de la liberté. Le prototype du discours raisonné, souvent déguisé comme dans la Déclaration d'Indépendance, la Constitution des États -Unis , l'Origine des Espèces, le Sermon sur la Montagne. — Nature de la transformation mathématique. Aucune transformation, aucune réflexion. Loi de transformation essentiellement psychologique, Fonction de relation et transformation comme trois aspects d'une même chose. Son étude, entreprise commune de la science. Les mondes statique et dynamique. Le problème du temps et les problèmes apparentés. Importation du temps et suppression du temps comme dispositifs classiques des sciences. — La nature de l'invariance. Le problème séculaire de la permanence et du changement. La quête de ce qui demeure dans un monde fluctuant comme le fil conducteur de l'histoire humaine. Le lien de camaraderie entre les entreprises de l'esprit humain . — La notion de groupe. La notion, simplement illustrée dans de nombreux domaines, est celle de « Mind » un groupe. La philosophie de l' année cosmique . — Limites et processus limites omniprésents comme idéaux et idéalisations, dans toute pensée et aspiration humaine. Les idéaux sont le silex de la réalité. — L'infini mathématique, ses aspects dynamiques et statiques. Besoin d'histoire du concept Impérial. Le rôle de l'infini dans un poème puissant. — Signification de la dimensionnalité. Distinction de l'imagination et de la conception. Existence logique et existence sensuelle. Ouvrir des voies vers des mondes inimaginables. — La théorie des types logiques. Une application suprême à la définition de l'homme et à la science du bien-être humain. — La psychologie des mathématiques et les mathématiques de la psychologie. Tous deux à leurs balbutiements. Retard conséquent de la science. La symétrie de la pensée. L'asymétrie de l'imagination.— Science et ingénierie. Science comme ingénierie en préparation. L'ingénierie comme science en action. Les mathématiques le guide de l'ingénieur. Ingénierie le guide de l'humanité. L'humanité, la classe de vie civilisatrice ou temporelle. Qualités essentielles au leadership en ingénierie. L'éthique de l'art. L'ingénieur en tant qu'éducateur, scientifique, philosophe, psychologue, économiste, homme d'État, penseur mathématique – en tant qu'homme.

Annexe II. Biologie et contrainte de temps

La vie d'un homme est courte, et très peu de personnes ont la possibilité d'accomplir beaucoup de choses au cours de leur vie. De vastes réalisations sont presque entièrement réalisées par de nombreux hommes reprenant le travail effectué par un découvreur. Dans un tel cas, on arrive à un *résultat complet* « la vérité », non pas par la production d'un seul homme mais par une chaîne d'hommes, mais la découverte initiale doit non seulement être produite mais aussi correctement définie avant de pouvoir être utilisée et c'est là le point important à souligner. Ce que nous ne réalisons pas, c'est l'énorme quantité de travail mental perdue par une utilisation incorrecte des mots.

La pensée humaine – ce phénomène unique, subtil et pourtant le plus énergique de la nature – est pour l'essentiel gaspillée sans raison, parce que nous n'utilisons pas, ou ne prenons pas la peine d'utiliser, un langage approprié ; dans le même temps, de fausses définitions entraînent des conséquences non seulement inutiles, mais positivement néfastes. Lorsque les idées et les faits sont mal définis, ils ont tendance à nous amener à de fausses conclusions, et de fausses conclusions nous conduisent dans de mauvaises directions, et la vie et la connaissance en souffrent grandement. Notre progrès n'est pas une recherche bien ordonnée de la vérité, dans la mesure où le pur hasard y joue un rôle trop important.

Jusqu'à récemment, la logique était censée être la science de la pensée correcte, mais la pensée moderne a tellement progressé que l'ancienne logique n'est plus capable de gérer le grand volume accumulé – la grande masse complexe d'idées et de faits existants – et nous sommes donc obligés de chercher un autre instrument beaucoup plus pratique et puissant. Il n'est pas nécessaire d'établir une nouvelle science pour remplacer la logique ; nous devons simplement regarder de plus près les sciences disponibles et réaliser le fait qui était avec nous depuis toujours, à savoir que les mathématiques et le raisonnement mathématique ne sont rien d'autre que la véritable logique de la nature – le langage universel de la nature – le seul moyen d'expression. c'est la même chose pour tous les peuples. Il ne s'agit pas d'un jeu de mots, c'est un fait que chacun doit admettre après enquête. Quiconque veut penser logiquement doit penser mathématiquement ou abandonner toute prétention de penser correctement – il n'y a pas d'échappatoire et tous ceux qui refusent d'enquêter sur la justesse de cette affirmation se mettent en dehors du cercle des personnes pensant logiquement. L'application d'une pensée rigoureuse à la vie révolutionnera même les méthodes scientifiques par l'introduction de définitions justes, de classifications correctes, d'un langage juste, et conduira ainsi à des résultats dignes de confiance. Très probablement, toutes nos doctrines et croyances devront être révisées ; certains rejetés, certains rectifiés, certains élargis ; réaliser l'unanimité de toutes les sciences et accroître ainsi considérablement leur efficacité dans la recherche de la vérité. Cette application des mathématiques à la vie va même révolutionner les mathématiques elles-mêmes. Dans l'application. Nous suggérons provisoirement comment cela peut être réalisé.

Comme l'énergie apparemment ultime et la plus élevée connue expérimentalement est l'énergie humaine de liaison temporelle, ce nouveau concept pourrait conduire à un changement dans nos concepts actuels de matière, d'espace et de temps, de la même manière que la découverte du radium les a affectés. Ce problème ne peut être résolu que par des expériences *scientifiques* utilisant l' énergie de liaison *temporelle* .

Dans de nombreux cas, voire dans la plupart des cas, l'analyse de ces phénomènes présente de grandes difficultés techniques, mais pourquoi confondre nos esprits en ayant peur des mots ou en étant esclaves ? Si au lieu d'appeler le vin vin , nous l'appelions par sa formule chimique, cela changerait-il d'une manière ou d'une autre la qualité du vin ? Bien sûr que non. Toutes les « qualités » demeureront parce qu'elles sont des faits et ne peuvent être modifiées par des mots.

Une image des plus pathétiques des ravages et du chaos qu'une mauvaise utilisation des mots entraîne dans la vie et la science est exposée dans tous les domaines de la pensée par les luttes sans fin et amères pour des mots mal définis. Les mathématiques ont pu réaliser leurs plus prodigieuses réalisations grâce à leur méthode d'analyse exacte du continu, des dimensions, des classes, des relations, des fonctions, des nombres transfinis, etc., ainsi que de l'espace et du temps. Jusqu'à présent, toutes ces conceptions, dans leur forme nettement définie, n'ont pas eu d'application directe à notre vie quotidienne ou à notre conception du monde. Les pensées exprimées dans App. Je pourrais suggérer ce « chaînon manquant » : relier plus intimement les mathématiques à la vie.

La science moderne sait que toutes les énergies peuvent être transformées d'une manière ou d'une autre d'une sorte à une autre et qu'elles représentent toutes un type de phénomène énergétique, quelle que soit l'origine de chacune. Par exemple, une batterie galvanique ou chimique produit le même type d'électricité que le processus mécanique de friction ou l'interaction des lois cosmiques comme dans la dynamo. Dans certains cas, lorsque nos systèmes sont convenablement ajustés, les transformations sont réversibles, c'est-à-dire que l'énergie aboutit à un processus chimique – un accumulateur ; le processus chimique produit de l'électricité – la batterie galvanique ; le mouvement produit de l'électricité – la dynamo ; l'électricité provoque le mouvement : le moteur électrique ; etc. Nous savons que toutes les énergies sont liées d'une manière ou d'une autre, dans le sens où leur transformation est possible. Les effets produits par un même type d'énergie sont absolument les mêmes, quelle que soit son origine. La merveille d'une lampe électrique est la même merveille, que l'origine de l'électricité soit chimique, mécanique ou cosmique comme dans la dynamo. Les expériences en biologie scientifique ont prouvé que cela était vrai chez les organismes vivants et c'est précisément là l'énorme importance des découvertes en biologie scientifique. La lumière et les autres énergies réagissent sur les organismes de la même manière que les réactions chimiques et ces phénomènes sont réversibles. De plus, des organismes vivants complexes ont été produits et ont grandi jusqu'à maturité grâce à un traitement chimique ou mécanique de l'œuf, et cela a été accompli dès les balbutiements de la biologie scientifique ! (Voir *Les organismes dans leur ensemble*, de Jacques Loeb.)

Tous les phénomènes *naturels* sont *naturels* et doivent être abordés comme *tels*. L'esprit humain est au moins une énergie qui peut diriger d'autres énergies ; il est incorrect et trompeur de qualifier cela de *super* naturel. Il est bien sûr vrai que nous ne comprenons pas pleinement la nature de l'esprit humain et que nous apprendrons à le comprendre lorsque et seulement lorsque nous acquerrons suffisamment de sens pour le reconnaître comme *naturel*. Si nous persistons à dire et à croire que « les preuves spirituelles ne peuvent être expliquées sur une base matérielle », cette affirmation devrait être également applicable à l'électricité ou au radium. Si cette affirmation est fausse pour ces phénomènes, elle est également fausse pour le mental ou les pouvoirs dits spirituels et volontaires. La compréhension scientifique de ces phénomènes ne les « dégradera » pas, *car cela est impossible. Les faits restent des faits et aucune explication scientifique d'un phénomène ne peut abaisser ou dégrader ce qui est un fait.* L'électricité est de l'électricité et rien d'autre, quelle que soit son origine ; les énergies humaines qui lient le temps (englobant toutes les facultés) sont les plus élevées des énergies connues — tout aussi magnifiques et étonnantes — quelle qu'en soit la base ; et leur compréhension scientifique ne fera *qu'ajouter* à notre respect pour eux et pour nous-mêmes ; cela nous aidera indubitablement à les développer indéfiniment par l'analyse mathématique. La *base* n'est pas le phénomène : l'acide sulfurique et le zinc *ne sont pas* de l'électricité ; les énergies qui lient le temps *ne sont pas* une livre de bifteck, même si une livre de bifteck peut aider à sauver des vies et donc jouer *un rôle déterminant* dans la production d'un poème ou d'une sonate ; mais on ne peut en aucun cas prendre un bifteck pour l'un ou l'autre.

J'ai tenté, avec un certain succès, je l'espère, de résoudre ces problèmes dans la science et dans la vie ; les résultats sont étonnants, car ils nous conduisent à une éthique beaucoup plus élevée et plus globale que celle que la société a jamais eue. Par cette analyse, je prouve que la compréhension de ce phénomène le plus prodigieux mais NATUREL de la vie humaine nous amène à la source scientifique de l'éthique et je prouve que les soi-disant « idéaux les plus élevés de l'humanité » n'ont rien du « sentimentalisme » ou du « sentimentalisme » . *"surnaturels "* en eux, mais sont exclusivement l'*accomplissement* des *lois naturelles* pour la *classe de vie humaine* . La reconnaissance du fait que les phénomènes de l'esprit humain sont naturels et, en tant que tels, conformes aux lois naturelles présente un avantage supplémentaire sur l' attitude « surnaturelle » dans la mesure où nous ne pouvons pas plus échapper à une loi de la nature humaine que la loi de la gravité ; en d'autres termes, l'éthique humaine aura la validité d'une loi naturelle. Avec l'attitude surnaturelle, il était assez simple d'éviter les problèmes de la vie, par une simple déclaration – « Je ne crois pas » – et cela suffisait pour briser tous les liens et se libérer du « moral surnaturel » – mais pour s'éloigner. du « moral naturel » et *rester* L'HUMAIN est IMPOSSIBLE . Alors qu'avec un moral artificiellement formulé, il était assez facile de s'échapper par une simple spéculation mentale et de se sentir parfaitement satisfait tant qu'on échappait à la prison ; avec une morale indiquant clairement qu'il s'agit d'une LOI NATURELLE pour la classe humaine de la vie, le rideau du sophisme et de la spéculation est levé et quiconque s'écarte des LOIS NATURELLES POUR LES HUMAINS SAURA PAR LUI-MÊME QU'IL EST EN DEHORS DE LA LOI - POUR LES HUMAINS .

Les ingénieurs ne sont pas des métaphysiciens, leur domaine n'est pas celui de l'argumentation intelligente mais celui des faits prouvés ; leur travail n'est pas de brouiller l'air avec des expressions troubles ou des sophismes, mais de créer ; leur méthode est scientifique et leur outil est mathématique. On sait que dans l'Antiquité, dans certains temples, des phénomènes électriques étaient connus et utilisés pour maintenir les masses ignorantes dans la crainte et l'obéissance. Devons-nous suivre les méthodes utilisées par ces magiciens ou devons-nous faire face aux faits ? Devons-nous considérer la vie et les phénomènes habituellement dits mentaux, spirituels, etc., comme *surnaturels* , simplement parce que nous ne les comprenons pas ? Il semble évident que tout ce qui *existe dans la nature est naturel* , aussi simple ou compliqué soit-il ; et en aucune occasion ce qu'on appelle le « *surnaturel* » ne peut être autre chose qu'une loi complètement naturelle, même si elle peut, pour le moment, être au-dessus ou au-delà de notre compréhension actuelle. L'attitude d'esprit qui admet le *surnaturel* aveugle et fait échouer toute analyse ou toute tentative d'analyse. L'analyse sans préjugés du soi-disant « surnaturel » n'altère *en* rien ses fonctions étranges et élevées. Les phénomènes de l'énergie humaine qui lie le temps sont et resteront les fonctions connues les plus précieuses, les plus subtiles et les plus élevées, quelle qu'en soit l'origine. *Les faits* ne peuvent être *niés* ou *falsifiés* si l'analyse doit aboutir à des conclusions correctes. La haute dimensionnalité de l'esprit humain, les soi-disant pouvoirs spirituels et de volonté, *sont des faits* et doivent être *acceptés* comme tels. Il est temps d'établir une science exacte pour les traiter. Les problèmes de la vie animale ont été abordés sans préjugés, aucune « étincelle » surnaturelle ne nous dérangeait dans notre analyse – un animal était un animal et rien d'autre – nous n'avons pas mélangé les dimensions, nous voyons donc que la « structure sociale » des animaux sur une ferme ne s'effondre jamais car elle est gérée sur une base scientifique avec une compréhension de *ses* normes appropriées. Les animaux vivent aujourd'hui plus heureux que l'homme. Nous ne permettons pas aux animaux de pratiquer la « survie du plus fort » ou la « compétition », qui sont beaucoup trop destructrices. Notre système social actuel impose ces méthodes désastreuses à l'homme seul, et le résultat est que le proverbe hideux « Homo homini lupus » est devenu réalité.

Dans la science moderne, les faits ne manquent pas, il nous suffit de les connaître. Si nous prenons, par exemple, l'acide sulfurique et le zinc et fabriquons ce que nous appelons une batterie galvanique, nous voyons qu'à partir de deux substances chimiques, une troisième, un sel, est formée, en plus de laquelle nous produisons une énergie particulière appelée électricité. Qui ne connaît les merveilleuses propriétés de ce phénomène ?

La biologie scientifique a fait d'énormes progrès ces derniers temps ; les ingénieurs ne peuvent pas se permettre d'ignorer les faits établis lors des recherches en laboratoire. Le problème de la « vie » et des autres énergies, jusqu'ici considérées comme « *surnaturelles* » , est bien maîtrisé et s'avère néanmoins étonnant bien que tout à fait naturel. Un certain nombre de scientifiques du monde entier travaillent sur ce problème et les faits scientifiques qu'ils ont établis et qui ne peuvent être niés aujourd'hui appartiennent aujourd'hui au domaine de la vie pratique. Les ingénieurs, bien entendu, doivent connaître ces faits ; les mathématiciens doivent établir des dimensions correctes dans l'étude de toutes les sciences et les gens devront étudier la philosophie mathématique ; ce n'est qu'alors que le processus d'intégration dans n'importe quelle phase de la pensée pourra se dérouler sans erreurs. Il n'y a pas d'échappatoire si *la vérité* est ce que nous voulons réellement. Mais ici une objection peut être soulevée, objection qui, pour certains, est en effet sérieuse ; à savoir, que remplacera l'ancienne philosophie, le droit et l'éthique, si la vie humaine n'est rien d'autre qu'un processus physico -chimique ? Pour citer le docteur Jacques Loeb dans sa *Conception mécaniste de la vie* : « Si, sur la base d'une enquête sérieuse, on peut répondre par l'affirmative à cette question (*que tous les phénomènes de la vie peuvent être expliqués sans équivoque en termes physico -chimiques – Auteur*) et la vie éthique devra être fondée sur une base scientifique et nos règles de conduite devront être mises en harmonie avec les résultats de la biologie scientifique. Non seulement la conception mécaniste de la vie est compatible avec l'éthique, mais elle semble être la seule conception de la vie qui puisse conduire à une compréhension de la source de l'éthique.

J'espère avoir prouvé dans ce livre que l'éthique *scientifique* est basée sur des lois naturelles pour la classe humaine de la vie ; qu'il est basé sur le fait expérimentalement prouvé que l'Homme est un liant du Temps, naturellement actif en tant que tel dans le temps ; et que ce concept ou définition de l'Homme est rigoureusement scientifique et rend compte des fonctions les plus élevées de l'homme – la plus haute des perfections mentales et spirituelles – sans avoir besoin d'aucune hypothèse « *surnaturelle* »
.

physico -chimiques spéciaux , qui se manifestent dans des énergies particulières, dont l'esprit humain est la forme connue la plus élevée. Ces processus sont connus pour être réversibles, dans le sens où certaines de ces énergies particulières provoquent des changements physico -chimiques dans leur propre base ; le processus impliqué, je propose d'appeler biolyse, comme je propose d'appeler biolyte les substances produites. Ces phénomènes ont une analogie parallèle en chimie inorganique – en électricité – la différence ne résidant que dans l'échelle ou la dimension. Lorsqu'un courant électrique traverse une batterie spéciale appelée accumulateur ou batterie réversible, des changements chimiques se produisent, en ce sens que de nouveaux composés se forment et possèdent une capacité réversible ; à savoir, en reproduisant les anciens matériaux, c'est-à-dire que de l'électricité est générée. Ce processus de formation de substances chimiques par le passage d'un courant électrique est appelé électrolyse et le produit ainsi obtenu est appelé électrolyte. En même temps , c'est un fait connu que la chimie organique est infiniment plus complexe et variable que la chimie inorganique. L'énergie produite par les réactions de certains groupes chimiques organiques est donc d'un caractère plus complexe et d'une autre dimension. L'une de ces énergies de la chimie organique qui est récemment entrée dans le champ de l'analyse scientifique s'appelle la vie ; sa base physico -chimique est le protoplasme, *résultat que* j'appelle la capacité ou énergie de « liaison temporelle » . Ce nom est important pour les conséquences qu'il entraînera plus tard. La capacité ou l'énergie de l'homme à lier le temps (quelle que soit l'heure, si elle l'est), qui est unique à l'homme, est un complexe des plus subtils ; c'est l'énergie connue la plus élevée et comporte probablement de nombreuses subdivisions. Les oreilles sont sensibles aux vibrations de l'air. Les yeux sont sensibles aux vibrations les plus subtiles de la lumière ; de la même manière, l'appareil de liaison du temps est sensible aux énergies les plus subtiles ; en outre, il a la capacité d'enregistrer non seulement toutes nos sensations mais aussi les énergies temporelles des autres personnes ; et il a apparemment la capacité d'enregistrer les énergies de l'univers.

Ici encore nous constatons la même continuité des phénomènes ; le protoplasme comme unité physico -chimique organique complexe qui a la particularité de « vivre », de croître et de se multiplier « de manière autonome

» et cette même particularité autonome *s'applique* à l' *énergie de liaison temporelle* ; il grandit et se multiplie « de manière autonome » dans sa propre dimension. L'énergie de liaison temporelle est une énergie de rayonnement complexe, un peu comme les émanations du radium, et elle comporte probablement également de nombreuses subdivisions différentes. *Notez que la transformation de l'atome* ou la transformation des *substances radioactives après avoir traversé différentes étapes n'est pas complète mais aboutit probablement à la production de plomb, alors que la transformation qui se produit dans la production de l'énergie de liaison temporelle est probablement complète ou presque complète et est ce que j'appelle l'énergie de liaison temporelle. (Voir* App. I. *)* Toutes les caractéristiques supérieures de l'homme qu'il est d'usage d'appeler « pouvoirs mentaux, spirituels et de volonté », etc., sont englobées dans cette définition exacte de l'énergie – dans sa capacité de liaison temporelle. Un diagramme expliquera mieux la continuité, l'évolution et le mécanisme de cette énergie qui lie le temps.

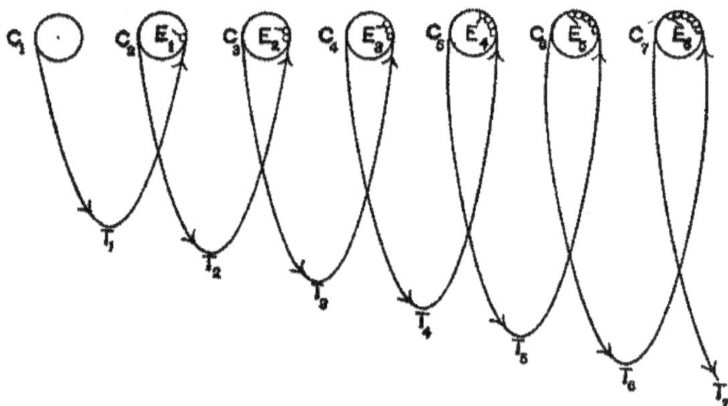

Biologie et liaison temporelle.

C_1 est la base physico-chimique (par souci de simplicité, je représente l'ensemble du complexe comme une seule base) de l'énergie humaine de liaison temporelle. T_1 est la pensée produite par un processus physico-chimique (correspondant, à titre illustratif, à l'électricité produite par une batterie galvanique). La pensée T_1 produit à son tour un effet physico-chimique E_1 sur la base C_1 (correspondant pour la même raison à l'électrolyse et à l'électrolyte en électricité). C_1 et E_1 combinés, ou C_2 produit T_2 qui à son tour affecte la base et produit un effet physico-chimique E_2, cette nouvelle combinaison produit l'énergie T_3, et ainsi de suite... théoriquement sans limites, comme tant qu'il existe *une source* d'énergie sur laquelle cette énergie spéciale peut puiser. Cette théorie que j'appelle « théorie de la spirale » représente un mécanisme de travail suggestif de l'énergie de liaison temporelle et est en accord avec les dernières découvertes scientifiques. Il explique les processus de toutes les énergies mentales et dites spirituelles qui ont été une telle énigme pour l'humanité, et il explique également d'autres phénomènes qui, jusqu'à présent, n'ont eu aucune explication scientifique.

Les animaux *ne sont pas* temporellement contraignants, ils n'ont *pas* la capacité de la « spirale » ; ils n'ont donc pas de progrès autonome. En même temps, il sera évident que si nous enseignons aux humains de fausses idées, nous affectons très sérieusement leurs capacités de fixation du temps et leurs énergies, en affectant de manière erronée la base physico -chimique. Cette énergie est si particulière qu'elle embrasse, si je puis utiliser l'ancienne expression, les idéaux les plus élevés (lorsque l'énergie de liaison temporelle n'est pas obstruée et est autorisée à fonctionner normalement), ainsi que les idées les plus criminelles (lorsque l'énergie de liaison temporelle est obstrué par de faux enseignements et fonctionne par conséquent anormalement). Nous ne pouvons pas rendre les animaux moraux ou immoraux parce qu'ils n'ont pas cette capacité à s'imposer dans le temps. Considérant que le progrès humain peut être très sérieusement affecté par des idées fausses ; en d'autres termes, le biolyte des faux enseignements dans la dimension animale doit être très différent du biolyte des idées vraies dans la dimension humaine. Heureusement, la nature ou les lois de la nature ne peuvent pas être complètement déviées ou violées : l'énergie qui lie le temps ne peut pas être complètement supprimée dans la classe de vie qui lie le temps. Les faux enseignements selon lesquels nous sommes des animaux et fondamentalement brutaux et égoïstes peuvent, bien sûr, dégrader la nature humaine non seulement jusqu'au niveau animal, mais encore plus bas. Heureusement , la science peut désormais expliquer et prouver à quel point ces enseignements sont fondamentalement diaboliques dans la vie et le progrès des êtres humains. Ce sera un choc pour ceux qui enseignent, prêchent et pratiquent les normes animales et qui, du même coup, se contredisent lorsqu'ils parlent d' « immortalité » et de « salut » ; un peu de réflexion montre clairement que les « normes animales » et le « salut » ou « l'immortalité » s'excluent tout simplement. Une fois la loi naturelle de la contrainte temporelle réalisée, la voie est ouverte pour aborder scientifiquement le problème de l'immortalité. Les énergies liées au temps ainsi que la « vie » suivent le même type de fonction exponentielle. « La synthèse constante de matière spécifique à partir de composés simples de caractère non spécifique est la principale caractéristique par laquelle la matière vivante diffère de la matière non vivante.... Ce problème de synthèse conduit à l'hypothèse de l'immortalité de la cellule vivante. puisqu'il n'y a aucune raison *a priori* pour que cette synthèse s'arrête d'elle-même tant qu'une quantité suffisante de nourriture est disponible et que des conditions physiques extérieures appropriées sont garanties.... L'idée selon laquelle les cellules du corps sont naturellement immortelles et meurent seulement s'il est exposé à des blessures extrêmes telles qu'un manque prolongé d'oxygène ou une température trop élevée contribue à rendre un problème plus intelligible. L'étudiant en médecine, qui réalise pour la première fois que la vie dépend d'un seul organe, le cœur, qui accomplit sans cesse son devoir pendant les quelque soixante-dix années imparties à l'homme, s'étonne de la précarité de notre existence. Il semble en effet étrange qu'un mécanisme aussi délicat puisse fonctionner si régulièrement pendant tant d'années. Le mysticisme lié à ce phénomène et à d'autres phénomènes d'adaptation disparaîtrait si nous étions certains que toutes les cellules sont réellement immortelles et que le fait qui exige une explication n'est pas la poursuite de l'activité mais la cessation de l'activité dans la mort. On voit ainsi que l'idée de l'immortalité de la cellule du corps, si elle peut être généralisée, peut être destinée à devenir l'un des principaux supports d'une analyse physico - chimique complète des phénomènes du vivant puisqu'elle rend intelligible la durabilité des organismes. » (*L'organisme dans son ensemble* , de Jacques Loeb.)

Les perspectives pour ceux qui vivent et professent des « normes animales égoïstes, cupides et contraignantes pour l'espace » ne sont pas très prometteuses comme le révèle la « spirale », mais malheureusement nous ne pouvons pas les aider ; seules des contraintes temporelles – uniquement le respect des lois naturelles des humains – peuvent leur donner le plein bénéfice de leurs capacités naturelles grâce auxquelles ils pourront s'élever au-dessus des animaux et de leur destin.

Les résultats obtenus dans les recherches scientifiques en biologie augmentent très rapidement et chaque progrès dans leurs connaissances prouve la véracité de cette théorie. S'ils diffèrent dans quelques cas, ce n'est pas parce que les principes de cette théorie sont erronés, mais parce qu'ils mélangent des dimensions et utilisent des mots insuffisamment définis, ce qui aboutit toujours à la confusion et à l'arrêt des progrès de la science.

La plupart des problèmes abordés dans cette annexe d'un point de vue mathématique sont basés sur des faits de laboratoire. Il suffit de les rassembler et il n'y a guère besoin d'imagination pour en voir la portée générale. Depuis que nous avons découvert que l'Homme est un facteur de temps (quelle que soit l'heure) et que nous avons introduit le sens de la dimensionnalité dans l'étude des phénomènes de la vie en général, un grand nombre de faits qui n'étaient pas clairs auparavant deviennent très clairs maintenant.

J'ai écrit ce livre dans une ferme sans aucun livre à portée de main et j'avais été déconnecté des progrès de la science pendant les cinq années passées au service et aux devoirs de guerre. Mon ami le Dr Grove-Korski, anciennement à l'Université de Berkeley, a particulièrement attiré mon attention sur les livres du Dr Jacques Loeb. J'y ai trouvé un trésor de faits de laboratoire qui illustrent comme rien ne pourrait mieux la justesse de ma théorie. J'ai découvert avec une profonde satisfaction que la nouvelle « biologie scientifique » est scientifique parce qu'elle a utilisé des méthodes mathématiques avec une attention particulière à la dimensionnalité – elles ne « traitent pas une automobile ».

Pour le mathématicien et l'ingénieur, la « théorie du tropisme de la conduite animale », fondée par le Dr J. Loeb, est du plus grand intérêt, car il s'agit d'une théorie qui analyse les fonctions et les réactions d'un organisme *dans son ensemble*, et il n'y a donc aucune chance de confusion d'idées ou de mélange de dimensions.

> « Les physiologistes ont depuis longtemps l'habitude d'étudier non les réactions de l'organisme tout entier mais les réactions de segments isolés ; les soi-disant réflexes. S'il peut sembler justifié de construire les réactions de l'organisme dans son ensemble à partir des réflexes individuels, une telle tentative est en réalité vouée à l'échec, car les réactions produites dans un élément isolé ne peuvent pas être considérées comme se produisant lorsque le même élément en fait partie. du tout, à cause des inhibitions mutuelles que les différentes parties de l'organisme produisent les unes sur les autres lorsqu'elles sont en relation organique ; et il est donc impossible d'exprimer la conduite d'un animal entier comme la somme algébrique des réflexes de ses segments isolés... Ce serait donc une erreur de parler de tropisme comme de réflexes, puisque les tropismes sont des réactions. de l'organisme dans son ensemble, tandis que les réflexes sont des réactions de segments isolés. Réflexes et tropismes s'accordent cependant sur un point, dans la mesure où tous deux sont évidemment d'un caractère purement physico -chimique. *Mouvements forcés – Tropisme et conduite animale.* Par Jacques Loeb.

Je ne citerai ici que très peu de passages, mais ces livres sont d'une telle importance que tout mathématicien et ingénieur devrait les lire. Il s'agit, si je puis dire, d'une « biologie mathématique » – l'étude d'une vie entière sur les « tropismes », qui est le nom donné pour exprimer les « mouvements forcés » dans les organismes. Ils donnent la quintessence des expériences de laboratoire quant aux effets de différentes énergies telles que la lumière (héliotropisme), l'électricité (galvanotropisme), la gravité (géotropisme), etc., dans leur réaction et leur influence sur les mouvements et actions des organismes vivants. Ces expériences sont concluantes et les conclusions auxquelles on parvient ne peuvent être ignorées ou éludées. Les énormes résultats pratiques de ces méthodes scientifiques reposent sur deux principes, à savoir : (1) les scientifiques doivent penser mathématiquement, leurs études des phénomènes doivent s'effectuer dans des « systèmes » comme un tout complexe, et ils ne doivent pas mélanger les dimensions ; (2) ils doivent voir le danger et ne pas avoir peur des vieux mots aux sens erronés, mais doivent utiliser une pensée claire et rigoureuse pour éliminer les préjugés scientifiques – le poison de la spéculation métaphysique avec des mots, ou du verbalisme. Ces livres fournissent de nombreuses preuves de la façon dont les mots utilisés sont trompeurs et obscurs et à quel point les conclusions auxquelles parviennent les scientifiques qui persistent à utiliser les méthodes d'analyse anthropomorphiques ou téléologiques sont fondamentalement erronées. Si un lecteur sceptique ou douteux souhaite voir une preuve suffisante de l'effet mortel qu'une manière de penser incorrecte ou non mathématique apporte à la science et à la vie, il peut également être renvoyé à ces livres. Les citations suivantes prouvent biologiquement que l'homme est d'une dimension totalement différente – un être totalement différent d'un animal. Du Dr Conklin, je cite uniquement son *ouvrage Hérédité et environnement* et, pour éviter une répétition du titre du livre, j'indiquerai les citations en utilisant uniquement son nom. (Tous les italiques sont indiqués par AK)

> « Il serait de la plus haute importance de montrer directement que les *protéines homologues de différentes espèces sont différentes . Cela a été fait* pour les hémoglobines du sang par Reichert et Brown, qui ont montré par des mesures cristallographiques que les hémoglobines de toute espèce sont des substances définies pour cette espèce.... Les phrases suivantes de Reichert et Brown semblent indiquer que cela peut être vrai pour les cristaux d'hémoglobine. " *Les hémoglobines de n'importe quelle espèce sont des substances différentes pour cette espèce.* Mais en comparant les substances correspondantes, les hémoglobines, dans différentes espèces d'un genre, on constate généralement qu'elles diffèrent les unes des autres à un plus ou moins grand degré ; les différences étant telles que lorsque des données cristallographiques complètes sont disponibles, les différentes *espèces peuvent être distinguées* par ces *différences dans leurs hémoglobines* .... Les

faits rapportés jusqu'à présent impliquent la suggestion que l'hérédité du genre est déterminée par les protéines d'une constitution définie. différent des protéines des autres genres. Cette constitution des protéines serait donc responsable de l'hérédité du genre. Les différentes espèces d'un genre ont toutes les mêmes protéines de genre, mais les protéines de chaque espèce du même genre sont apparemment encore différentes dans leur constitution chimique et peuvent donc donner lieu à des réactions biologiques ou immunitaires spécifiques. *L'organisme dans son ensemble* , par Jacques Loeb.

« *Toutes les particularités caractéristiques d'une race, d'une espèce, d'un genre, d'un ordre, d'une classe et d'un phylum sont bien entendu héritées* , sinon il n'y aurait pas de caractéristiques constantes de ces groupes et aucune possibilité de classer les organismes. Les caractères principaux de tout être vivant sont inaltérablement fixés par l'hérédité. Les hommes ne cueillent pas de raisins sur les épines, ni de figues sur les chardons. Tout être vivant produit une descendance selon son espèce, des hommes, des chevaux, du bétail ; oiseaux, reptiles, poissons ; insectes, mollusques, vers ; polypes, éponges, micro- organismes, tous les millions d'espèces animales et végétales connues diffèrent les unes des autres en raison de particularités héréditaires, *parce qu'elles proviennent de différents types de cellules germinales* . Conklin.

« L'organisme tout entier, constitué de structures et de fonctions, corps et esprit, se développe à partir du germe, et l'organisation du germe détermine toutes les possibilités de développement de l'esprit tout autant que du corps, bien que la réalisation réelle de toute possibilité soit dépendant également de stimuli environnementaux . ... Conklin.

« Le développement de l'esprit *est parallèle à celui du corps* ; Quelle que soit la relation ultime entre l'esprit et le corps, il ne peut y avoir *aucun doute* raisonnable que les deux se développent ensemble à partir du germe. Il est curieux que de nombreuses personnes sérieusement perturbées par l'enseignement scientifique sur l'évolution ou le développement progressif de la race humaine acceptent avec sérénité l'observation universelle sur le développement de l'individu humain, aussi bien de l'esprit que du corps . L'ascendance animale de la race ne dérange sûrement pas plus les croyances philosophiques ou religieuses que l'origine germinale de l'individu, et pourtant cette dernière est un fait d'observation universelle qui ne peut être relégué au domaine de l'hypothèse ou de la théorie, et qui ne peut pas non plus être relégué au domaine de l'hypothèse ou de la théorie . être nié avec succès... Nous savons maintenant que l'enfant est issu de cellules germinales qui ne sont pas fabriquées par le corps des parents mais sont nées de la division de la cellule germinale antérieure. *Chaque cellule provient d'une cellule préexistante* par un processus de division, et *chaque cellule germinale provient d'une cellule germinale préexistante* . Par conséquent , il n'est pas possible de soutenir que le corps génère des cellules germinales, ni que l'âme génère des âmes. La seule position scientifique possible est que l' *esprit* ou l'âme ainsi que le corps se développent à partir du *germe* .

« Aucun fait dans l'expérience humaine n'est plus certain que le fait que l'esprit se développe par des processus graduels et naturels à partir d'un état simple qui peut à peine être appelé esprit ; aucun fait dans l'expérience humaine n'a une signification pratique et philosophique plus grande que celle-ci, et pourtant aucun fait n'est plus généralement ignoré. Conklin.

« Sans doute les éléments dont se développe *la conscience* sont *présents dans les cellules germinales* , au même sens que les éléments des autres processus psychiques ou des organes du corps y sont présents ; non pas comme une miniature de la condition adulte, mais plutôt sous la forme d'éléments ou de facteurs qui, par de longues séries de combinaisons et de transformations, dues aux interactions les uns avec les autres et avec l'environnement, donnent naissance à la condition pleinement développée. Il est intéressant de noter que chez l'homme et chez plusieurs autres animaux dont on peut supposer qu'ils ont un sentiment d'identité, les cellules nerveuses, en particulier celles du cerveau, cessent de se diviser à un âge *précoce* et *ces* cellules identiques persistent pendant tout le reste du temps. de la vie ." ...

« La poule ne produit pas l'œuf, mais l'œuf produit la poule et aussi d'autres œufs. Les traits individuels ne se transmettent pas de la poule à l'œuf, mais ils se développent à partir de facteurs germinaux qui se transmettent de *cellule en cellule et de génération en génération* ...."

« Le germe est l'organisme non développé qui forme le lien entre les générations successives ; la personne est l'organisme développé qui naît du germe sous l'influence des conditions environnementales, la personne se développe et meurt à chaque génération ; le plasma germinatif est le flux continu de substance vivante qui relie toutes les générations. La personne nourrit et protège le germe et, en ce sens, elle n'est que le porteur du plasma germinatif, le *dépositaire mortel* d'une substance immortelle. Conklin.

C'est ce que j'appelle la « liaison temporelle ». (Auteur.)

«Grâce à son intelligence et à sa coopération sociale, il est capable de contrôler l'environnement à des fins particulières, d'une manière tout à fait impossible dans d'autres organismes... Les autres animaux se développent beaucoup plus rapidement que l'homme, mais ce développement prend fin plus tôt. Les enfants des races humaines inférieures se développent plus rapidement que ceux des races supérieures, mais dans de tels cas , ils cessent également de se développer à un âge plus précoce. La prolongation de la période d'enfance et d'immaturité chez la race humaine augmente considérablement l'importance de l'environnement et de la formation en tant que *facteurs de développement* . Conklin.

Un autre éclairage sur la « théorie de la spirale ». (Auteur.)

« Dans le domaine de l'éducation également, nous sommes étrangement aveugles aux objectifs et aux méthodes appropriés. Toute éducation est mauvaise si elle conduit à la formation d' habitudes d'oisiveté, d'insouciance, d'échec, au lieu d'habitudes d'industrie, de minutie et de réussite. Toute institution religieuse ou sociale est mauvaise lorsqu'elle conduit à des habitudes de piété imaginaire, de manque de sincérité, de respect servile de l'autorité et de mépris des preuves, au lieu d'habitudes de sincérité, d'ouverture d'esprit et d'indépendance.

« Tout cet homme actuel est devenu sans direction humaine consciente. Si l'évolution a progressé depuis l'am[oe] ba jusqu'à l'homme sans intervention humaine, si le grand progrès depuis les hommes simiesques jusqu'aux races les plus hautement civilisées s'est produit sans contrôle humain conscient, la question pourrait bien être posée : est-il possible améliorer la méthode naturelle d'évolution ? Il n'est peut-être pas possible d'améliorer la méthode d'évolution et pourtant, par une action intelligente, il peut être possible de faciliter cette méthode. *L'homme ne peut pas changer une seule loi de la nature, mais il peut se mettre dans des relations telles avec les lois naturelles qu'il peut en tirer profit.* " Conklin.

Cela prouve la grande importance de CONNAÎTRE LES LOIS NATURELLES pour la classe de vie humaine et de rendre conscientes les impulsions naturelles liées au temps, car alors seulement la spirale donnera une accumulation logarithmique du bon type, sinon le biolyte sera « animal » dans en substance comme en effet. Ici, la manière dont le premier « classeur temporel » a été produit n'a pas d'importance ; le fait qu'il soit d'une autre dimension est de la plus haute importance.

« Des sables aux étoiles, de l'immensité de l'univers à la petitesse de l'électron, chez les êtres vivants aussi bien que chez les êtres sans vie, la science reconnaît partout l'inévitable séquence de cause à effet, l'universalité des processus naturels, le règne de la nature. loi. *L'homme aussi fait partie de la nature, du grand mécanisme de l'* univers, et tout ce qu'il est et *fait est limité et prescrit par les lois de la nature* . Chaque être humain naît par un processus de développement dont chaque étape est déterminée par des causes antérieures... Nos possibilités anatomiques, physiologiques et psychologiques étaient prédéterminées dans les *cellules germinales* dont nous sommes issus... » Conklin.

Cela montre l'importance de maintenir l'étude des humains dans leur propre dimensionnalité, ainsi que l'importance de trouver les LOIS NATURELLES IMPERSONNELLES pour la classe humaine de la vie. On peut désormais se rendre compte que tous les soi-disant idéaux humains ne sont rien d'autre que l' accomplissement toujours croissant des LOIS NATURELLES « CONTRAIGNANTES AU TEMPS ». Cette compréhension permettra à l'homme de découvrir de nouvelles lois « contraignantes dans le temps » pour sa conduite, ses relations commerciales, son état, qui ne seront pas en contradiction avec les LOIS NATURELLES RÉELLES mais seront en accord avec elles ; alors et seulement alors, le progrès humain aura une chance de se développer pacifiquement.

> « Les caractéristiques des adultes sont potentielles et non réelles dans le germe, et leur apparition réelle dépend de nombreuses réactions complexes des unités germinales entre elles et avec l'environnement. En bref, nos personnalités réelles ne sont pas prédéterminées dans les cellules germinales, mais nos personnalités possibles le sont... L'influence de l'environnement sur l'esprit et la morale des hommes est particulièrement grande. Dans une large mesure nos habitudes, nos paroles, nos pensées ; nos aspirations, idéaux, satisfactions ; notre responsabilité, notre moralité, notre religion sont le résultat de l'environnement et de l'éducation de nos premières années... »

> «Grâce à ce pouvoir de mémoire, de réflexion et d'inhibition bien plus grand, l'homme est beaucoup plus libre que tout autre animal. Les animaux qui apprennent peu par l'expérience ont peu de liberté et plus ils apprennent, plus ils deviennent libres... » Conklin.

On peut ajouter ici que la « théorie de la spirale » explique comment nos réactions peuvent être accélérées et élaborées par nous-mêmes, et à quel point nous sommes véritablement maîtres de notre destinée.

> « Parce que nous ne trouvons aucune place dans notre philosophie et notre logique pour l'autodétermination, devons-nous cesser d'être des scientifiques et fermer les yeux sur les preuves ? Le premier devoir de la science est

de faire appel aux faits et de s'en remettre ensuite à la logique et à la philosophie... » Conklin.

Il n'y aura aucune difficulté à régler les faits avec la nouvelle philosophie de « l'ingénierie humaine ».

« L'analyse de l'instinct d'un point de vue purement physiologique fournit en fin de compte les données d'une éthique scientifique. Le bonheur humain repose sur la possibilité d'une satisfaction naturelle et harmonieuse des instincts... Il est assez remarquable que nous soyons encore sous l'influence d'une éthique qui considère les instincts humains en eux-mêmes comme faibles et leur satisfaction vicieuse. Qu'une telle éthique ait dû avoir un effet réconfortant sur les Orientaux , dont les instincts étaient inhibés ou déformés par les effets combinés d'un climat énervant, du despotisme et de conditions économiques misérables, est intelligible, et cela est peut-être dû à la persistance de conditions économiques insatisfaisantes. que cette éthique prévaut encore dans une certaine mesure.... Les avocats, les criminologues et les philosophes imaginent souvent que seule la volonté fait travailler l'homme. C'est une vision erronée. Nous sommes instinctivement obligés d'être actifs de la même manière que les fourmis ou les abeilles. L'instinct du travail serait la plus grande source de bonheur si notre organisation sociale et économique actuelle ne permettait qu'à quelques-uns de satisfaire cet instinct. Robert Mayer a souligné que toute exposition réussie ou toute mise en scène sans énergie est pour nous une source de plaisir. C'est la raison pour laquelle la satisfaction de l'instinct du travail est d'une telle importance dans l'économie de la vie, pour le jeu et l'apprentissage de l'enfant, ainsi que pour le travail scientifique ou commercial de l'homme.... Nous pouvons varier à volonté les instincts des animaux. Un certain nombre d'animaux marins... s'éloignent de la lumière, peuvent être forcés d'aller à la lumière de deux manières, premièrement en abaissant la température et deuxièmement en augmentant la concentration de l'eau de mer, ce qui fait que les cellules des animaux perdent de l'eau. Cet instinct peut être inversé en augmentant la température ou en diminuant la concentration de l'eau de mer. J'ai constaté à maintes reprises que les instincts sont également contrôlés par les mêmes conditions dans lesquelles les phénomènes de croissance et d'organisation peuvent être contrôlés. Cela indique qu'il existe une base commune aux deux classes de phénomènes vitaux. Cette base commune est le caractère physique et chimique du mélange de substances que nous appelons protoplasme... *Le plus grand bonheur dans la vie* ne peut être obtenu que si *tous les instincts* , y compris celui du travail, peuvent être maintenus à une certaine *intensité optimale* . Mais s'il est certain que l'individu peut ruiner ou diminuer la valeur de sa vie par un développement unilatéral de ses instincts, par exemple la dissipation, il est en même temps vrai que les *conditions économiques et sociales peuvent ruiner ou diminuer la valeur de la vie. pour un grand nombre de particuliers* . Il est sans aucun doute vrai que, dans nos conditions sociales et économiques actuelles, plus de quatre-vingt-dix pour cent des êtres humains mènent une existence dont la valeur est bien inférieure à ce qu'elle devrait être. Le besoin les contraint à sacrifier un certain nombre d'instincts, notamment le plus précieux d'entre eux, celui de travailler, pour sauver le plus bas et le plus impératif, celui de manger. Si ceux qui amassent d'immenses fortunes pouvaient intensifier leur vie grâce à leur abondance, il serait peut-être rationnel d'en laisser beaucoup souffrir afin d'avoir quelques cas de vrai bonheur. Mais pour accroître le bonheur, seule la somme d'argent qui peut être utilisée pour le développement harmonieux et la satisfaction des instincts hérités est utile. Pour cela, il faut relativement peu de choses. Le reste n'est pas plus utile à l'homme que le surplus d'oxygène de l'atmosphère. En fait, la seule véritable satisfaction qu'un multimillionnaire puisse tirer de l'augmentation de sa fortune est la satisfaction de l'instinct du travail ou le plaisir lié à une démonstration d'énergie réussie. Le scientifique obtient cette satisfaction sans diminuer la valeur de la vie de ses semblables, et il devrait en être de même pour l'homme d'affaires... Même si nous ne reconnaissons aucun libre arbitre métaphysique, nous ne nions pas la responsabilité personnelle. Nous pouvons remplir la mémoire de la jeune génération d'associations qui empêcheront les mauvaises actions ou la dissipation... La cruauté dans le code pénal et la tendance à exagérer les punitions sont des signes certains d'une civilisation basse et d'un système éducatif imparfait... Il me semble que nous ne pouvons pas plus espérer élucider le mécanisme de la mémoire associative par des méthodes histologiques ou morphologiques que nous ne pouvons espérer élucider la dynamique des phénomènes électriques par l'étude microscopique des sections efficaces d'un fil télégraphique ou par le comptage et la localisation. les connexions téléphoniques dans une grande ville. Si nous souhaitons développer une dynamique des différents phénomènes vitaux, nous devons nous rappeler que les substances colloïdales sont les machines qui produisent les phénomènes vitaux, mais la physique de ces substances est encore une science du futur. nous aucune réponse à cette dernière question. L'idée d'énergie spécifique a toujours été considérée comme le point final de l'investigation des organes sensoriels. Mach a exprimé l'opinion que les conditions chimiques sont à la base de la sensation en général... » *Physiologie comparée du cerveau* , par Jacques Loeb.

Ici, on peut ajouter que « l'instinct de travail » dans la classe animale devient dans la classe de vie liée au temps l'instinct de *création* et n'est rien d'autre que l'expression de l'impulsion naturelle de l' énergie « liée au temps ». . Dans le système social et économique actuel, très peu de personnes ont la possibilité de satisfaire cet instinct ; la gestion scientifique satisfait ou peut satisfaire l'instinct animal de travail, mais elle ne satisfait pas l'instinct de création. En dernière analyse, la « contrainte temporelle » est une création et seul un système social et économique capable de satisfaire ce besoin − cette impulsion naturelle − satisfera les humains − les « limiteurs de temps » − et provoquera leur pleine croissance en termes de travail et de développement. bonheur.

« LOIS DE LA CROISSANCE » (de *Unified Mathematics* , par Louis C. Karpinski, Ph.D.). « *Fonction d'intérêt composé* .— La fonction $S = P (1 + i) n$ est d'une importance fondamentale dans d'autres domaines que la finance. Ainsi, la croissance du bois d'œuvre d'une vaste étendue forestière peut être exprimée en fonction de ce type, l'hypothèse étant que, dans une vaste étendue, le taux de croissance peut être considéré comme uniforme d'année en année. Dans le cas de bactéries se développant dans des conditions idéales en culture, *c'est-à-dire* avec un apport alimentaire illimité, l'augmentation du nombre de bactéries par seconde est proportionnelle au nombre de bactéries présentes au début de cette seconde. Toute fonction dans laquelle le taux de changement ou le taux de croissance à tout instant t est directement proportionnel à la valeur de la fonction à l'instant t obéit à ce qui a été appelé la « loi de la croissance organique » et peut être exprimée par l'équation :

$$y = ce^{kt},$$

où c et k sont des constantes déterminées par les faits physiques impliqués, et e est une constante de nature analogue à π. La constante k est la constante de proportionnalité et est négative lorsque la quantité considérée diminue ; c est généralement positif ;

$$e = 2,178....$$

« Les valeurs de la fonction de x, ce^{kx}, *augmentent selon les termes d'une progression géométrique à mesure que la variable x augmente en progression arithmétique* ....

« L'application la plus immédiate d'une fonction dont la croissance est proportionnelle à la fonction elle-même est celle de l'air. La diminution de la pression de l'air à la distance h au-dessus de la surface terrestre est proportionnelle à h .

« L'expression $P = 760\,e^{-h/7990}$ donne la valeur numérique de la pression en millimètres de mercure pour h mesurée en mètres. L'exposant négatif indique que la pression diminue à mesure que h augmente. En pouces comme unités de longueur de la colonne de mercure, h en pieds,

$$P = 29,92e^{-h/26200}$$

C'est ce qu'on appelle la loi de Halley.

« La croissance des plants de haricots dans des intervalles limités et la croissance des enfants, là encore dans des limites très restreintes, suivent à peu près la loi de la croissance organique. Le radium, en se décomposant, suit la même loi ; le taux de diminution à tout instant étant proportionnel à la quantité. Dans le cas des corps vibrants, comme un pendule, la vitesse de décroissance de l'amplitude suit cette loi ; de même dans le cas d'une diminution du bruit et dans certains phénomènes électriques, le taux de décroissance est proportionnel à tout instant à la valeur de la fonction à l'instant présent....

« *La courbe de guérison d'une plaie.* — Étroitement liée aux formules exprimant la loi de la croissance organique, $y = e^{kt}$, et la loi de la « décomposition organique », $y = e^{-kt}$, est une loi récemment découverte qui relie algébriquement par une équation et graphiquement par une courbe, la surface d'une plaie, avec un temps exprimé en jours, mesuré à partir du moment où la plaie est aseptique ou stérile. Lorsque cette condition aseptique est atteinte, par lavage et rinçage continus avec des solutions antiseptiques, deux observations à un intervalle communément de quatre jours donnent « l'indice de l'individu », et cet indice, et les deux mesures de la surface de la plaie, permettre au médecin-scientifique de déterminer l'évolution normale de la surface de la plaie, la diminution attendue de la surface, pour cette surface de la plaie de cet individu. La zone de la plaie est soigneusement tracée sur du papier transparent, puis calculée à l'aide d'une machine mathématique, appelée planimètre, qui mesure les zones.

« Les zones de la plaie sont portées en ordonnées avec en abscisses les temps d'observation respectifs mesurés en jours. Après chaque observation et calcul de surface, le point ainsi obtenu est tracé selon les mêmes axes que le graphique qui donne la courbe idéale ou prophétique de guérison.

"Lorsque la surface observée est nettement plus grande que celle déterminée par la courbe idéale, cela indique qu'il y a encore une infection dans la plaie... Une situation plutôt surprenante et inexpliquée se produit fréquemment lorsque la surface de la plaie guérit plus rapidement que la surface de la plaie. la courbe idéale indiquerait ; dans ce cas, des ulcères secondaires se développent qui ramènent la courbe à la normale....

« Cette application des mathématiques à la médecine est en grande partie due au Dr Alexis Carrel de l'Institut Rockefeller de recherche médicale. Il a noté que plus la surface de la plaie était grande, plus elle guérissait rapidement et que le taux de guérison semblait proportionnel à la surface. Cette constante de proportionnalité n'est pas la même pour toutes les valeurs de la surface ou on aurait une équation de la forme,

$$S = S_1 e^{-kt}$$

dans laquelle S, est la zone au moment où la plaie est rendue stérile et où les observations à tracer commencent réellement...

« Les données fournies sont tirées du Journal of Experimental Medicine, réimpressions aimablement fournies par le major George A. Stewart de l'Institut Rockefeller. Les schémas sont reproduits du numéro du 1er février 1918, pp. 171 et 172, article du Dr T. Tuffier et R. Desmarres , Hôpital Auxiliaire 75, Paris....

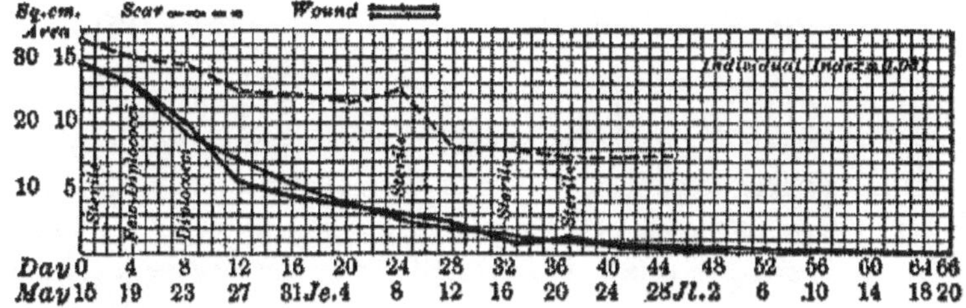

Progression de la cicatrisation d'une plaie superficielle de la jambe droite,
patient âgé de 31 ans.

" LE MOUVEMENT DES VAGUES. Généralités.— Dans la nature, il existe deux types de mouvements récurrents, assez étroitement liés mathématiquement, dans lesquels la répétition du mouvement se produit à intervalles réguliers.

« Un type de ce mouvement, cyclique comme on pourrait le dire, répète le mouvement en un seul endroit et est en un sens stationnaire. Le diapason en mouvement se déplace encore et encore dans le même espace ; un mouvement similaire est le mouvement d'une corde vibrante. De ce type stationnaire, on peut citer les battements du cœur, le pouls, la respiration, les marées et la rotation d'une roue autour de son axe.

« Le deuxième type de mouvement récurrent transmet ou transporte l'impulsion vibratoire sur une étendue d'espace et de temps. Les vagues de la mer sont de ce caractère. Les ondes sonores, les vibrations ou ondes électriques et les vibrations énergétiques rayonnantes sont transmises par un processus similaire à celui par lequel les vagues de la mer sont transportées.

« Ces deux types de mouvement sont représentables mathématiquement par des équations impliquant une séquence de fonctions trigonométriques. Nous porterons notre attention sur la fonction fondamentale et de base impliquée, $y = \sin x$, *dans la section suivante et sur des applications simples dans d'autres sections de ce chapitre....*

Ondes sonores.— Si un diapason pour la note inférieure C est réglé pour vibrer, la barre libre effectue 129 vibrations complètes de va-et-vient en une seconde. En attachant une pointe fine à l'extrémité de la barre et en déplaçant sous cette barre à une vitesse uniforme, au fur et à mesure de sa vibration, un papier noirci par la fumée, on trace sur le papier une courbe sinusoïdale . Notre courbe est tracée par une barre vibrant 50 fois en 1 seconde.

Vibrations du diapason enregistrées sur papier fumé.

« A chaque mouvement de la tige vibrante correspond un mouvement de l'air. Lorsque la barre se déplace vers la droite , elle comprime la couche d'air à sa droite et cette *compression* est immédiatement communiquée à la couche d'air à droite ; à mesure que la barre recule et se déplace vers la gauche, la pression sur l'air adjacent est relâchée et une *raréfaction* se produit. En 1/50 de seconde vous avez l'air adjacent à la tige *comprimé* , revenu à la normale et *raréfié* ; pendant ce temps, l'air voisin est affecté et la compression est communiquée sur une distance qui est la *longueur d'onde* de cette onde sonore donnée. En 1 seconde, cette perturbation est transmise à 1 100 pieds à 44° Fahrenheit. La longueur d'onde de cette onde sonore est alors de 1 100/50 = 22 pieds.

« La longueur d'onde est communément désignée par λ. Si V est la vitesse et t le temps d'une vibration, $\lambda = Vt$.

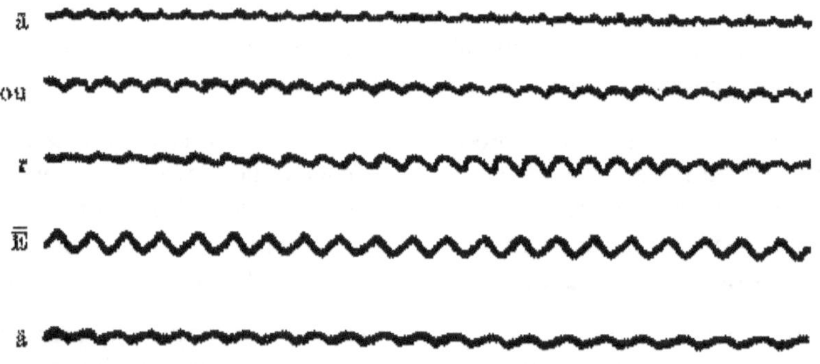

« Enregistrements vibratoires produits par la voix : « a » comme dans « mangé » ; ' ou ' comme dans 'à propos' ; 'r' dans 'relais' ; « e » dans « être » ; et 'a' dans 'père'. L'enregistrement du diapason, fréquence 50 par seconde, donne les fréquences de vibration.

Ce dernier dessin peut aider à visualiser la manière dont les expressions fausses et les enseignements faux entravent le véritable progrès de l'humanité. Chaque mot a son énergie et produit des effets physico - chimiques dans l'appareil de liaison du temps en accord avec l'idée que nous associons au son du mot. Si nous enseignons des idées qui sont fausses, alors les effets physico -chimiques produits ne sont pas appropriés — en d'autres termes, l'esprit humain ne FONCTIONNE PAS CORRECTEMENT , c'est-à-dire qu'il ne fonctionne pas *naturellement* , ni *normalement* , ni fidèlement à la dimension humaine. Il y a toutes les raisons pour lesquelles les normes de notre civilisation sont si basses, parce que nous avons « empoisonné », au sens littéral du terme, notre esprit par les effets physico -chimiques d'idées fausses. Cette APPROCHE NATURELLE ET CORRECTE des énergies "liantes au temps" montrera clairement à quel point l'importance de la manière dont nous traitons ce mécanisme subtil est sans mesure, car l'empoisonnement par des idées fausses ou par des mots imprudents ou incorrects ne diffère en aucune façon. dans les conséquences d'un empoisonnement avec tout autre poison produisant un effet stupéfiant ou stimulant à tort.

Monographies sur la biologie expérimentale et la physiologie

LOEB , J. : « Physiologie comparée du cerveau et psychologie comparée ». New-York, 1900.

LOEB , J. : « Études en physiologie générale ». Chicago, 1905.

LOEB , J. : « La dynamique de la matière vivante ». New-York, 1906.

LOEB , J. : « La conception mécaniste de la vie ». Chicago, 1912.

Sélection à partir du contenu : I. La conception mécaniste de la vie. II. L'importance des tropismes pour la psychologie. III. Quelques faits et conceptions fondamentaux concernant la physiologie comparée du système nerveux central. IV. Adaptation des modèles de poissons et mécanisme de vision. V. Sur quelques faits et principes de morphologie physiologique. VI. Sur la nature du processus de fécondation. VII. Sur la nature de la stipulation formative (parthénogenèse artificielle). VIII. La prévention de la mort de l'œuf par l'acte de fécondation. IX. Le Rôle des Sels dans la Préservation de la Vie. X. Etude expérimentale de l'influence de l'environnement sur les animaux.

LOEB, J. : L'organisme dans son ensemble. Fils du GP Putnam. New-York, 1916.

Sélection à partir du contenu : I. Remarques introductives. II. La différence spécifique entre la matière vivante et la matière morte et la question de l'origine de la vie. III. La base chimique du genre et de l'espèce : 1. L'incompatibilité des espèces non étroitement apparentées. 2. La base chimique du genre et de l'espèce et de la spécificité de l'espèce. IV. Spécificité en Fertilisation. V. Parthénogenèse artificielle. VI. Déterminisme dans la formation d'un organisme à partir d'un œuf. VII. Régénération. VIII. Détermination du sexe, des caractères sexuels secondaires et des instincts sexuels : 1. La base cytologique de la détermination du sexe. 2. La base physiologique de la détermination du sexe. IX. L'hérédité mendélienne et son mécanisme. X. Instincts et tropismes animaux. XI. L'influence de l'environnement. XII. Adaptation à l'environnement. XIII. Évolution. XIV. Mort et dissolution de l'organisme.

LOEB, J. : « Mouvements forcés, tropismes et conduite animale. » JB Lippincott, Philadelphie, 1918.

Sélection à partir du contenu : I. Introduction. II. Les relations de symétrie du corps animal comme point de départ de la théorie de la conduite animale. III. Mouvements forcés. IV. Galvanotropisme . V. Héliotropisme. L'influence d'une source de lumière. 1. Faits généraux. 2. Preuve directe de la théorie de la tension musculaire de l'héliotropisme chez les animaux mobiles. 3. Héliotropisme des organismes unicellulaires. 4. Héliotropisme des animaux sessiles. VI. Une machine héliotrope artificielle. VII. Animaux asymétriques. VIII. Deux sources de lumière d'intensité différente. IX. La validité de la loi Bunsen-Roscoe pour les réactions héliotropes des animaux et des plantes. X. L'effet des changements rapides d'intensité de la lumière. XI. L'efficacité héliotropique relative de la lumière de différentes longueurs d'onde. XII. Changement du sens de l'héliotropisme. XIII. Géotropisme. XIV. Mouvements forcés provoqués par des images rétiniennes en mouvement : rhéotropisme : anémotropisme. XV. Stéréotropisme. XVI. Chimiotropisme. XVII. Thermotropisme. XVIII. Instinct. XIX. Images mémorielles et tropismes.

Une liste de *554 livres sur ce sujet* , dans laquelle tout lecteur intéressé trouvera dans cette ligne un vaste réservoir de connaissances exactes. Auteur.

CONKLIN, EDWIN GRANT : «Hérédité et environnement dans le développement de l'homme.» Presse universitaire de Princeton, 1915.

Sélection à partir du contenu : I. Faits et facteurs de développement. Introduction. A. Phénomènes de développement. B. Facteurs de développement. II. Base cellulaire de l'hérédité et du développement. A. Introduction. B. Les cellules germinales. C. Le mécanisme de l'hérédité. D. Le mécanisme de développement. III. Phénomènes d'héritage. A. Observations sur l'héritage. B. Etude statistique de l'héritage. C. Etude expérimentale de l'héritage. IV. Influence de l'environnement. A. Importance relative de l'hérédité et de l'environnement. B. Modifications expérimentales du développement. C. L'activité fonctionnelle comme facteur de développement. D. Héritage ou non-héritage des caractères acquis. E. Applications au développement humain : euthénique. V. Contrôle de l'hérédité : Eugénisme. A. Animaux domestiques et plantes cultivées. B. Contrôle de l'hérédité humaine. VI. Génétique et éthique.

Glossaire d'ouvrages sur ce sujet ; pour ceux qui désirent
se familiariser davantage avec les sujets de l'hérédité et
du développement. Auteur.

MORGAN, TH , « Base physique de l'hérédité ».

EAST, EM et JONES, DF , « Consanguinité et consanguinité », etc.

PARKER, GH , « Le système nerveux élémentaire ».

HARVEY, EN , « La nature de la lumière animale. »

Annexe III.
Ingénierie et délais

Les arts de l'ingénierie, de par leur nature même, sont issus du travail d'hommes morts et destinés à servir non seulement le présent mais aussi l'avenir. Ils sont plus libres que toute autre activité humaine des erreurs des dimensions mélangées et de la croyance erronée en l'accomplissement individualiste et en l'orgueil. La simple structure en acier d'un pont, familière à nous dans la vie de tous les jours , nous rappelle clairement à tous les arts d' Héphaïstos et les connaissances liées d'innombrables générations de forgerons et de mécaniciens, de métallurgistes et de chimistes, de mathématiciens et de constructeurs, des enseignants et des ingénieurs qui ont travaillé pendant des milliers d'années pour rendre possibles les poutres en acier rivetées qui sont les éléments de la structure moderne. Ces structures ne s'effondrent que si les lois naturelles régissant leur construction sont transgressées ; ce qui arrive rarement, car personne n'est chargé du travail à moins d'avoir lié dans sa connaissance l'expérience accumulée du passé ; cependant les transgresseurs de ces lois naturelles sont punis avec toute la sévérité de la loi commune. Lorsqu'un pont est ouvert et testé, les lois écrites dans certains pays et non écrites dans d'autres, ainsi que la fierté et le sens des responsabilités du concepteur et du constructeur du pont exigent que lui, le créateur du pont, soit le premier à entrez-y et le dernier en sortez; et si le pont s'effondre, il devra subir les conséquences immédiates de sa négligence des lois contraignantes.

Il est rare que les affaires d'ingénierie soient réalisées dans le seul but entièrement égoïste d'acquérir simplement un gain égoïste immédiat, car même lorsque cela peut être retracé, cette pensée indigne disparaît dans l'auréole de la gloire de l'accomplissement. M. Eiffel n'a pas érigé sa tour pour hanter Paris avec la vue d'un squelette d'acier dominant la ville des pensées audacieuses. Sa tour constitue aujourd'hui une preuve mécanique de formules mathématiques prouvant la possibilité d'ériger de hautes structures autoportantes et ainsi de servir l'humanité future. La capacité des humains à fixer le temps crée et formule de nouvelles valeurs au service de l'humanité. Encore une fois, aucun étudiant en arts de l'ingénierie ne pourrait jamais s'oublier au point de revendiquer pour lui seul ses réalisations, aussi merveilleuses soient-elles. Aucune découverte merveilleuse de l'électricité moderne, pas même la communication d'un hémisphère à l'autre, n'est à juste titre l'œuvre d'un seul homme, car l'origine de la découverte remonte au moins à l'époque de ce jeune berger aux pieds nus Magnus, qui fut le premier à observer les phénomènes du magnétisme.

En tentant de retracer et d'évaluer les facultés temporelles manifestées dans les arts de l'ingénierie, on est à la fois étonné et déconcerté devant la confusion et les contradictions non réalisées dans la masse de preuves, et combien pathétique et déplorable est la vue de centaines d'individus . de milliers de travailleurs dans le domaine de l'ingénierie et de la création qui se soumettent inconsciemment à la dégradation, dans un consentement silencieux, de voir leurs merveilleuses réalisations collectives enchaînées à des objectifs contraignants pour l'espace.

À la fin de ce livre, j'ai été étonné qu'il existe un si petit nombre d'ingénieurs qui ont le sentiment intuitif de la grandeur des atouts dont ils disposent et de la gravité de leurs responsabilités concernant les affaires de l'humanité. J'avais hâte que mon livre soit lu et analysé par quelques ingénieurs de premier plan. Le regretté HL Gantt n'étant plus parmi nous, je me suis alors tourné vers Walter N. Polakov , docteur en ingénierie ; Conseiller industriel ; Président du Comité du service et de l'information, Section des carburants, ASME , et Robert B. Wolf, vice-président de l'ASME. J'ai trouvé en eux une compréhension très sympathique et mon estime a grandi à mesure que je connaissais plus intimement le personnage. de leur travail et de leurs réalisations. Tous deux ont fait un travail des plus remarquables dans leurs lignes respectives. Il ne serait pas exagéré de dire que leurs travaux, ainsi que ceux de feu HL Gantt et Charles P. Steinmetz, peuvent être considérés comme les premières pierres angulaires, à ma connaissance, de la science et de l'art de l'ingénierie humaine. et forment les premiers volumes et écrits de la Nouvelle Bibliothèque de la Virilité de l'Humanité. Ces livres et brochures sont basés sur des faits analysés scientifiquement, marquant la rupture entre la voie de l'ingénierie de la pensée et l'assujettissement passé aux fétiches spéculatifs.

De toutes les sciences pures et appliquées, seule l'ingénierie a la particularité d'être la première à avoir une vision *correcte* du problème humain. La tâche des ingénieurs était de convertir les connaissances – le travail cérébral – le « temps limité » – en pain quotidien en économisant le temps et les efforts. Ce concept n'est rien d'autre que l'élaboration de la formulation imparfaite du principe de contrainte temporelle. Il était donc inévitable que certains ingénieurs aient déjà ouvert la voie dans la bonne direction. Les travaux de Walter N. Polakov , dans son *Mastering Power Production* , Engineering Magazine, NY, 1921, montrent à quel point ce sens de la dimensionnalité a conduit certains d'entre eux dans leur travail pratique .

> « Mon intention n'était pas de rédiger un manuel sur l'ingénierie énergétique ; j'avais plutôt soin d'éviter de traiter tout sujet technique qui pourrait être trouvé

ailleurs dans la littérature technique ; mais je ne pouvais éviter d'empiéter sur les domaines voisins de la psychologie et de l'économie, car sans connaissance de ces sciences, la maîtrise de la production d'énergie est une tentative vaine.

« Je ne considère pas que les principes sur lesquels repose la méthode soient soumis à des choix ou à des opinions, car ils sont fondés sur des faits . Cependant, une œuvre de ce genre ne peut être complète, ou des exemples peuvent être mal choisis, car elle traite de relations vivantes et en constante évolution et s'applique à des choses en voie de développement.

"Si cet ouvrage et l'idée sous-jacente peuvent faciliter la résolution de certains des problèmes actuels au cours de l'évolution rapide de nos relations professionnelles, j'aurai le sentiment que mon temps et celui de mes lecteurs n'ont pas été entièrement perdus."

En effet, le temps des lecteurs ne sera pas perdu. Ce livre donne une analyse technique, scientifique – en même temps pratique – de tous les problèmes humains. Il s'agit d'un traité approfondi et pratique sur toutes les grandes questions concernant l'industrialisme moderne et les problèmes dits économiques et constitue le fondement d'une nouvelle philosophie scientifique et industrielle. Un autre aperçu très clair des *principes de la philosophie industrielle* a été donné par M. Polakov dans son article présenté lors de la réunion annuelle de l'American Society of Mechanical Engineers, du 7 au 10 décembre 1920. Quiconque a quelque chose à voir avec les problèmes industriels ou économiques Nous ne pouvons pas nous permettre de négliger le travail important et fondamental de ce livre.

Il est évident qu'une connaissance scientifique des faits est de la plus haute importance pour quiconque souhaite aborder un problème de manière sérieuse. Des statistiques à jour sont donc primordiales. J'ai eu le privilège de lire le manuscrit de *Quo Vadis America* , le prochain livre de M. Polakov , où est donné un tableau statistique des plus précieux des faits de l'Amérique moderne et les conclusions étonnantes qui doivent en être tirées. Je ne peux que regretter qu'en Europe nous ne disposions pas d'une telle connaissance écrite des conditions européennes. Si davantage de livres de ce type avaient été écrits et *lus* par le public, de nombreuses crises et catastrophes auraient été évitées.

La contribution exceptionnelle de M. Robert B. Wolf à l'ingénierie a été apportée par son étude de la physiologie, de la biologie, de la psychologie et de la philosophie appliquées à l'ingénierie.

« Si quelqu'un souhaite étudier les forces qui ont conduit au développement individuel de l'humanité, il se retrouvera immédiatement plongé dans le domaine de la psychologie et de la philosophie mentale. Je peux chaleureusement recommander un tel cours comme étant extrêmement rentable et d'une valeur pratique.

« Cependant, les cinq faits importants qui ont à voir avec le sujet en question sont :

« *1er*. Que le corps humain est une organisation si merveilleuse parce qu'il est le produit des forces de la création, agissant au cours de millions d'années d'évolution.

« *2ème*. Que sa capacité de progrès dépend du maintien de l'unité résultant de cette évolution créatrice et d'une reconnaissance consciente de cette unité.

« *3j*. Que cette unité n'aurait pas été possible sans le développement du système nerveux.

« *4ème*. Que les progrès conscients et intelligents réalisés par l'humanité n'auraient pas pu atteindre leur niveau actuel tant que, au cours du processus d'évolution, un mécanisme n'aurait pas été construit dans le système nerveux lui-même, capable d'enregistrer les diverses impressions que les sens reçoivent constamment.

« *5ème*. Que l'enregistrement des événements passés, avec le pouvoir de les rappeler consciemment pour résoudre les problèmes auxquels il est immédiatement confronté, est absolument essentiel à son développement.

« Or, ce que je veux souligner, c'est que dans la mesure où le progrès de l'homme dépend de la parfaite coordination de ses forces pour produire l'unité d'action, nous n'avons pas le droit d'attendre d'une organisation industrielle qu'elle fasse le progrès qu'elle doit faire en tant qu'unité. sans l'établissement d'un mécanisme de coordination conscient semblable au système nerveux du corps humain. *L'individualité dans l'industrie.* Par Robert B. Wolf.

Le docteur Charles P. Steinmetz a donné dans son ouvrage *America and the New Epoch* un tableau technique très correct de la situation politique dans le monde, avec une caractérisation fine des particularités psychologiques des différentes races. Bien que ce livre ait été écrit en 1916, c'est-à-dire avant la fin de la guerre mondiale, il aura une valeur permanente ; en raison de sa profonde analyse psychologique des peuples et de leurs institutions qui façonnent en fin de compte le développement de toute nation et qui ne changent pas avec la victoire ou la défaite.

« Mon hommage à la mémoire de Gantt sera, non seulement l'hommage d'un ami et admirateur, mais la preuve que sa philosophie est scientifiquement vraie. Une preuve rigoureuse est nécessaire, car le mot « service » appartient à cette catégorie de mots dont le sens peut être complètement inversé par le verbe, qu'il s'agisse de « donner » ou de « prendre ». Gantt a pris le « rendre service » comme un axiome ; Mon observation, partagée par beaucoup d'autres, est que notre civilisation avait un tout autre axiome : « nous prêchons le donner, nous pratiquons le prendre ». Le problème qui m'intéressait était de trouver une issue irréfutable à cette contradiction. Si l'une d'elles est une loi vraie et naturelle pour les humains, alors l'autre ne l'est pas ; si nos paroles sont vraies, alors nos actes ne sont pas vrais, ou si nos actes sont vrais alors les paroles sont un camouflage. J'ai trouvé la solution en appliquant une réflexion mathématiquement rigoureuse. Les mathématiques, avec leur conception exacte des dimensions, m'ont donné la méthode. La méthode que nous utilisons pour étudier les phénomènes est l'analyse, ou mathématiquement, la différenciation. J'ai vite découvert que les méthodes de différenciation sont pour la plupart correctes, mais que notre synthèse, ou processus d'intégration effectué par l'utilisation de la métaphysique, était défectueux. La différenciation a correctement abaissé les dimensions, mais notre intégration défectueuse n'a pas restauré les dimensions d'origine. L'investigation devait être faite dès le début, en définissant les phénomènes de la vie, d'une manière spécifique, qui ne permette aucune erreur de dimension.

« J'ai défini les classes de vie en mettant l'accent sur leurs caractéristiques dimensionnelles incontestables : les plantes sont des classes de vie « liées à la chimie », les animaux sont « liées à l'espace », les humains sont des classes de vie « liées au temps ».

« Ces définitions ont la particularité de rendre évident que : 1. Les classes de la vie ont des dimensions différentes, et que le mélange des dimensions, comme en mathématiques cela rend impossible une solution correcte, de même dans la vie, les résultats de tels éléments élémentaires erreurs, produisent des conséquences tragiques.

« 2. La vieille formule sur laquelle notre civilisation est construite, HUMAIN égal ANIMAL plus ou multiplié par ÉTINCELLE DE DIVINITÉ , est fondamentalement et élémentairement fausse, et est un non-sens mathématique, qui est identique à une absurdité telle que x pouces carrés égaux y pouces linéaires plus ou multiplié par z pouces cubes.

« 3. La formule fondamentalement erronée sur laquelle repose notre civilisation est la cause de tous les effondrements, guerres et révolutions périodiques.

« 4. L'ancien système était construit sur des normes animales « contraignantes à l'espace », et les impulsions humaines « contraignantes au temps » étaient, tout le temps, en rébellion.

«5. De même que la théorie de la gravitation et le calcul ont rendu les ingénieurs et les mathématiciens maîtres de la nature inanimée, de même ces définitions tangibles et incontestables leur donnent une base positive qui leur permettra d'aborder et de résoudre les problèmes de la vie humaine, en établissant le fait mathématique que l'homme est l'homme . pas un animal.

« 6. Tous ceux qui sont aveuglés par les traditions et refusent d'étudier ou de connaître ces vérités mathématiques constituent un danger pour l'humanité en contribuant directement à obscurcir les problèmes et en aidant à maintenir la structure défectueuse qui, comme par le passé, est vouée à disparaître. s'effondrer encore et encore dans le futur.

"7. Le devoir des gens qui pensent mathématiquement est de jeter sur ce problème toute la lumière qui permettra de stopper les actes stupides ou volontairement destructeurs, et de montrer s'ils travaillent pour ou contre l'humanité.

«8. Pour la classe de vie « liée au temps », il est alors évident que dans cette dimension, la « contrainte temporelle » est la loi naturelle et, si elle est comprise et analysée, c'est le but humain le plus élevé.

«9. Des « lois naturelles » telles que « la survie du plus fort » pour les animaux, qui est la « survie du plus fort dans l'espace », aboutissent au combat, ou à la survie du plus fort ; alors qu'une telle loi, pour être une LOI NATURELLE POUR LES HUMAINS , doit être dans la dimension humaine qui serait évidemment la « survie du plus fort dans LE TEMPS », aboutissant à la survie du meilleur.

"dix. Tous les faits connus doivent être mis en lumière, résumés et corrélés par des mathématiciens et des ingénieurs avec la plus grande attention à la dimensionnalité.

« 11. Toutes nos idées doivent être révisées ; les normes animales « contraignantes pour l'espace » doivent être rejetées comme dangereuses et destructrices, et doivent être remplacées par des normes « contraignantes pour le temps », qui correspondront aux impulsions naturelles et aux lois NATURELLES des humains.

« 12. L'esprit des mathématiciens et des ingénieurs est, par éducation, le premier à comprendre l' importance considérable des faits révélés par ces définitions, et cette prise de conscience entraînera le réajustement des valeurs de la vie à une dimension humaine, dans laquelle les révolutions et les guerres imminentes pourraient être transformée en évolution, la destruction en construction, la discorde en accord sur un objectif commun.

« Nous sommes maîtres de notre propre destinée, il nous incombe de corriger les erreurs de nos ancêtres et d'établir une philosophie scientifique, des lois scientifiquement vraies, une éthique scientifiquement vraie et une sociologie scientifique, qui formeront une science unifiée de l'homme et du monde. sa fonction dans l'univers, une science que je propose d'appeler « l'ingénierie humaine ». Les méthodes de Gantt seraient la première application pratique à cette fin.

« Le concept de Gantt de rendre un service est scientifiquement vrai parce qu'il est « limité dans le temps », et donc vrai pour la classe humaine de la vie et dans la dimension humaine. C'est pourquoi les concepts de Gantt ont tant compté et survivront « DANS LE TEMPS » . ' » Discussion par Alfred Korzybski de l'article de MWN Polakov « Principes de philosophie industrielle » présenté à la réunion annuelle de l'American Society of Mechanical Engineers, New York, du 7 au 10 décembre 1920.

LITTÉRATURE

GANTT, HL :

«Travail, salaires et bénéfices». The Engineering Magazine Co., 1913. NY

« Leadership industriel ». Presse de l'Université de Yale. 1916.

« S'organiser pour le travail ». Harcourt, Brace & Howe, 1919. New York

Sélection à partir du contenu : L'ingénieur en tant que leader industriel. Économie et démocratie. La démocratie dans la production. La démocratie dans la boutique. Démocratie dans la gestion. «La religion de la démocratie».

POLAKOV , WALTER N. :

« Maîtriser la production d'énergie ». The Engineering Magazine Co. 1921. NY

Sélection à partir du contenu : La descente du principe de production pour l'utilisation. L'industrie électrique comme facteur économique. Maîtriser les problèmes du travail. (Conditions) Coopération autonome. Buts du travail. Droit à la paresse et droit au travail. Qualification des hommes. La journée de travail. Fatigue. TRAVAIL UNIVERSEL (*Correspondant exactement à Time-binding—Author*). Le poste d'ingénieur. Maîtriser les problèmes du travail. Compensation. L'aspect social. L'aspect économique. La base des salaires.

Paiements incitatifs. Partage des profits. Lieux privilégiés. Récompenser les efforts individuels. Salaire à deux taux. L'énergie comme marchandise.

«Principes de philosophie industrielle». Présenté à l'assemblée annuelle de l'AS de ME, décembre 1920.

« Équipements et machines ». Presse de l'association YMCA. 1921. New York

«Organisation et gestion». Presse de l'association YMCA. 1921. New York

« Quo Vadis Amérique ? En préparation.

STEINMETZ, CHARLES P. :

«L'Amérique et la nouvelle époque». Harper et frères. 1916. New York

Sélection à partir du contenu : L'ère individualiste : de la compétition à la coopération. L'Angleterre à l'ère individualiste. L'Allemagne à l'ère individualiste. Les autres nations européennes à l'ère individualiste. L'Amérique à l'ère individualiste. Evolution : gouvernement industriel.

« Incitation et initiative ». Presse de l'association YMCA. 1921. New York

WOLF, ROBERT B. : Brochures.

"L'individualité dans l'industrie." Bulletin de la Société pour la promotion de la science de gestion. Vol. I. N° 4. Août 1915.

«L'ouvrier créatif». Association technique de l'industrie des pâtes et papiers. 1918. New York

«Incitations non financières». Présenté à la réunion annuelle de l'AS du ME en décembre 1918. NY

«L'industrie moderne et l'individu.» AW Shaw & Co. 1919. NY

"Assurer l'initiative de l'ouvrier." Association économique américaine. 1919. New York

"L'esprit créatif dans l'industrie." Presse de l'association YMCA. 1921. New York

LISTE DIVERS DE LIVRES

VON BERNHARDI , général F. : « L'Allemagne et la prochaine guerre. » E. Arnold, Londres. 1912.

BRANDEIS, LOUIS : « L'argent des autres et comment les banquiers l'utilisent. » FA Stokes, New York 1914.

THOMAS FARROW et WALTER CROTCH : « La guerre commerciale à venir. » Chapman & Hall, Londres. 1916.

HUEFFER , FORD MADDOX : « Quand le sang est leur argument. » Hodder et Stoughton. 1915. New York

HAUSER, HENRY : « L'emprise commerciale de l'Allemagne sur le monde, ses méthodes commerciales expliquées. » E. Nash Co., Londres. 1917.

LAUGHLIN, JL : « Crédit des nations. » Fils de Scribner, NY 1918.

MAETZU , RAMIRO DE : « Autorité, liberté et fonction à la lumière de la guerre. » Géo. Allen et Unwin.

DELAISI , FRANCIS : Opinion française, « La guerre inévitable ». Petit, Maynard & Co., Boston. 1915.

NEILSON, FRANCIS : Opinion anglaise, « Comment les diplomates font la guerre ». BW Huebsch. 1916.

PAR UN ALLEMAND (Opinion allemande). « J'accuse !» Hodder & Stoughton, Londres. 1915.

Notes de bas de page

<u>1.</u>

Pour m'éloigner un peu, il peut être intéressant d'ajouter que la population et les besoins des gens augmentent selon une progression géométrique ; et aussi que la croissance des individus est limitée par le fait qu'ils doivent absorber leur nourriture à travers des surfaces qui, à mesure que la croissance se poursuit, n'augmentent que sous forme de *carrés* , tandis que les corps à nourrir, étant des volumes, augmentent en taille à mesure que *les cubes* augmentent, comme les cubes de même base grandissent plus vite que les carrés,

$2\,^2 = 4$, $2\,^3 = 8$, $3\,^2 = 9$, $3\,^3 = 27$, et ainsi de suite,

il est évident que dans l'enfance d'un organisme, seule une partie de la nourriture sert à maintenir la vie, la plus grande partie sert à la croissance ; lorsque l'organisme devient plus grand, les surfaces absorbantes augmentant proportionnellement au carré, la nourriture est dépensée pour construire la masse du volume du corps et est dépensée proportionnellement au cube. Supposons que notre organisme ait atteint une taille deux fois plus grande, sa capacité d'absorption soit quatre fois plus grande et son volume huit fois plus grand. Dans le cas de 3 fois, la différence sera de 9 et 27. Il est évident qu'à un moment donné, toute la nourriture absorbée sera utilisée pour maintenir la vie et qu'il n'en restera plus pour la croissance, et ce dernier processus s'arrêtera. Ceci est un autre exemple qui explique à quel point la théorie des dimensions est d'une importance vitale dans la vie et montre pourquoi il est absolument essentiel de prendre en compte les dimensions dans l'étude des problèmes de la vie.

<u>2.</u>

Un aperçu de l'histoire de l'esprit d'Europe occidentale , par James Harvey Robinson. The New School for Social Research, New York, 1919. Ce petit volume donne des exposés condensés, comme en un mot, des développements historiques de l'esprit humain et contient une longue liste des livres modernes les plus substantiels sur les questions historiques. Toutes les autres citations historiques seront tirées de ce petit livre d'une valeur exceptionnelle et, pour plus de commodité, elles seront simplement marquées de ses initiales : JHR.

<u>3.</u>

(JHR) « Apparition tardive d'une théorie définitive du progrès. Conservatisme excessif des peuples primitifs. Les Grecs spéculaient sur l'origine des choses, mais ils n'avaient pas une conception de la possibilité d'un progrès indéfini... Le progrès de l'homme depuis les temps les plus reculés jusqu'au début du XVIIe siècle était presque totalement inconscient.... Faiblesse fondamentale de l'Hellenique apprentissage. C'était un ensemble imposant de spéculations, d'opinions et de suppositions qui, si brillantes et ingénieuses qu'elles fussent, reposaient sur un très petit ensemble de connaissances exactes et ne reconnaissaient pas la nécessité fondamentale d'une recherche scientifique pénible, aidée par des appareils . Il n'y avait pas d'accumulation régulière de connaissances pour compenser la méfiance émotionnelle croissante à l'égard de la raison... Promesse non tenue de la science hellénistique. Influence de l'esclavage dans le frein au développement de la science.... Les déficiences de la culture médiévale. Toutes les faiblesses du raisonnement hellénique, combinées à celles des Pères chrétiens, sous-tendent ce qui apparaît comme un système de pensée très logiquement élaboré et définitif. Défauts de l'enseignement universitaire.... Peu d'histoire des sciences naturelles, dans notre sens du terme, enseignée dans les universités.... Copernic, 'De Revolutionibus Orbium Coelestium .' Libri VI, 1543.... La propre introduction de Copernic reconnaît sa dette envers les philosophes antiques. Je crois toujours à la sphère étoilée fixe. Sa découverte n'a eu que peu d'effet immédiat sur les idées dominantes. Giordano Bruno (1548-1600) s'est donné pour tâche principale de réfléchir et d'exposer en latin et en italien les implications de la découverte de Copernic.... Bruno brûlé par l'Inquisition à Rome.... Keppler (1571-1630) et sa découverte des orbites elliptiques des planètes. Galilée (1564-1642). Son télescope s'améliora rapidement pour grossir 32 diamètres. Son attitude envers la théorie copernicienne, qui fut condamnée par l'Inquisition romaine en 1616... Les principales découvertes de Galilée concernèrent la physique et la mécanique. Isaac Newton (1642-1727) a prouvé que les lois de la chute des corps s'appliquent au ciel. Cela fit une profonde impression et finalement les nouvelles conceptions de l'univers commencèrent à être popularisées... Lord Bacon (1561-1626), le « Buccinator » de la science moderne expérimentale et appliquée.... Son appréciation vive des obstacles existants au progrès scientifique; les idoles de la tribu, de la grotte, du marché et du théâtre... Nécessité d'échapper aux méthodes scolastiques consistant à « culbuter dans nos raisons et nos vanités » et à étudier le monde qui nous entoure. Des réalisations inimaginables possibles si seulement la bonne méthode de recherche est suivie... la méfiance à l'égard de l'autorité ancienne.... Descartes (1596-1650), ... il proposa d'atteindre la vérité par l'analyse et des idées claires, sur l'hypothèse que Dieu ne trompera pas... Son intérêt fondamental pour les mathématiques... Sa prétention à l'originalité et son rejet de toute autorité.... Obstacles au progrès scientifique ; les universités encore dominées par Aristote ; les facultés de théologie ; la censure de la presse exercée à la fois par l'Église et par l'État ; ... »

4.

(JHR) « Phases de complexe religieux. « Religieux », terme vague et complet appliqué à : (1) certaines classes d'émotions (crainte, dépendance, méfiance en soi, aspirations, etc.) ; (2) La conduite, qui peut prendre la forme d'actes religieux distinctifs (cérémonies, sacrifices, prières, « bonnes œuvres ») ou l'observance de ce qui, dans des conditions primitives, est reconnu comme des « tabous » ; (3) Organisations sacerdotales ou ecclésiastiques ; (4) Les croyances sur les êtres surnaturels et les relations de l'homme avec eux : ces dernières peuvent prendre la forme de révélation et être réduites à des croyances et devenir le sujet de spéculations théologiques élaborées.

« Association de la religion avec le surnaturel ; La religion a toujours eu pour objectif principal de parvenir à un ajustement satisfaisant ou à un contrôle réussi sur le surnaturel... L'esprit culturel considéré comme le produit d'un processus long et dangereux d'accumulation... La génération spontanée de superstitions. Prévalence du symbolisme, du mana, de l'animisme, de la magie, du fétichisme, du totémisme ; le tabou (cf. notre idée moderne du « principe »), le sacré, le pur et l'impur ; « logique du rêve » – rationalisation spontanée ou « conclusions hâtives » ;... Le 16e livre du Code théodosien contient des édits relatifs à l'Église publiés par les empereurs romains au cours des 4e et 5e siècles. Ils considèrent comme un crime le fait d'être en désaccord avec l'Église ; ils prévoient de sévères sanctions pour l'enseignement et les écrits hérétiques, et accordent des privilèges au clergé orthodoxe (exonérations des impôts réguliers et bénéfice du clergé)... . Le christianisme devient un monopole défendu par l'État... Pouvoir psychologique et attraction dans le symbolisme et le rituel élaborés de l'Église... L'allégorie a mis fin à toute critique littéraire... L'épanouissement du miraculeux ; tout événement inhabituel ou surprenant attribué à l'intervention de Dieu ou du Diable.... Conceptions plus anciennes de la maladie causée par le Diable.... Notre expression juridique « acte de Dieu » se limite aux catastrophes naturelles imprévisibles . Comment, avec une appréciation croissante de la loi naturelle et un goût adouci pour les merveilles, les miracles ont tendance à devenir une source de détresse intellectuelle et de perplexité... Les protestants partageaient avec les catholiques romains l'horreur des « rationalistes » et des « libres penseurs ». Les dirigeants des deux partis s'accordèrent pour entraver et dénoncer les découvertes scientifiques... La sorcellerie sous sa forme moderne apparaît clairement au XVe siècle... Grande prévalence de la sorcellerie aux XVIe et XVIIe siècles dans les pays protestants et catholiques. .. Procès des personnes soupçonnées de sorcellerie. Tortures pour forcer les aveux. La marque des sorcières. Sanctions, brûlure vive, étranglement, pendaison. Des dizaines de milliers d'innocents ont péri.... Ceux qui ont tenté de discréditer la sorcellerie ont été dénoncés comme des « sadducéens » et des athées.... La psychologie de l'intolérance. La peur, les intérêts particuliers, le caractère confortable du traditionnel et de l'habituel. L'appropriation douloureuse d'idées nouvelles...

L'intolérance de l'Église catholique : résultat naturel de son organisation et de ses revendications étatiques... Sa doctrine du salut exclusif et sa conception de l'hérésie sont toutes deux sanctionnées par l'État. Le doute et l'erreur sont considérés comme un péché... Débuts de la censure de la presse après l'invention de l'imprimerie, autorisation des autorités ecclésiastiques et civiles... Les protestants du XVIe siècle acceptent la théorie de l'intolérance.

<u>5.</u>

(JHR) « Les fondements socio-psychologiques du conservatisme : un respect naturel primitif pour le familier et l'habituel grandement renforcé par la religion et la loi. Conservatisme naturel de toutes les professions. Ceux qui souffrent le plus des institutions existantes acceptent, impuissants, la situation comme inévitable. Position du conservateur ; il insiste sur l'impossibilité de modifier la « nature humaine » et met en garde contre les désastres de la révolution. Le conservatisme à la lumière de l'histoire : L'histoire semblerait discréditer complètement le conservatisme en tant que principe de fonctionnement, au vu des réalisations passées de l'humanité dans un passé récent et des possibilités qui s'ouvrent devant nous. la nature comme un obstacle au progrès... La culture ne peut pas être transmise héréditairement mais peut être accumulée par l'éducation et modifiée indéfiniment.

<u>6.</u>

(JHR) « Formulation et établissement de l'hypothèse évolutive. Découverte du grand âge de la terre ; ... développement progressif de la théorie évolutionniste.... "L'origine des espèces" de Darwin, 1859. Herbert Spencer (1820-1903)... . Haeckel (1834-1919) et d'autres clarifient, défendent et vulgarisent la nouvelle doctrine. Développement ultérieur de la doctrine évolutionniste par Mendel, Weisman, DeVries et d'autres. Affaiblissement de la théorie spéciale de la création par d'autres preuves telles que l'archéologie et la critique biblique. L'importance de la doctrine pour l'histoire intellectuelle. Caractère de l'opposition à la théorie évolutionniste. Confusion populaire du « darwinisme » avec « l'évolution ». Effets révolutionnaires du nouveau point de vue. Supprime la conception d'espèces fixes (idées platoniciennes) qui dominait auparavant la spéculation. La méthode génétique adoptée dans toutes les sciences organiques, y compris les nouvelles sciences sociales. Problème de l'ajustement de l'histoire aux découvertes des 50 dernières années. Portée de l'évolution sur la théorie du progrès. Évolution organique et évolution sociale.

<u>7.</u>

(JHR) « Les déistes et les philosophes détruisent l'anthropologie théologique plus ancienne et réaffirment la dignité de l'homme ; la montée de la critique et du libéralisme a rendu l'analyse des institutions sociales un peu moins dangereuse ; le développement général des connaissances a réagi d'une manière stimulante sur les sciences de la société ; la forte augmentation du nombre, de la complexité et de l'intensité des problèmes sociaux s'est avérée un puissant stimulant pour les sciences sociales ; L'hypothèse darwinienne a rendu absurde toute conception d'un système social totalement statique. Cependant, les sciences sociales modernes, dans notre ordre capitaliste, se heurtent à peu près à la même résistance de la part des « intérêts particuliers » que celle rencontrée par le radicalisme théologique au Moyen Âge, et les sciences sociales ne se sont en aucun cas approchées de l'objectivité et du progressisme des sciences naturelles actuelles . Les graves effets des droits acquis en entravant les expériences et les réajustements... Obstacles au réajustement présentés par les traditions consacrées... Influence du commercialisme moderne dans le développement désordonné de l'organisation et de l'enrégimentation de notre système éducatif actuel. Inconvénients psychologiques de notre système d'examen conventionnel. Jusqu'à présent, notre éducation n'a pas été mise en relation étroite avec les conditions dominantes de nos connaissances toujours croissantes .... Excellents objectifs et petites réalisations de la sociologie en termes de résultats pratiques. (*En raison de l'absence absolue de toute base scientifique.* Auteur.) Caractère général du problème de la réforme sociale : problèmes psychologiques impliqués dans les mouvements de réforme sociale : résistance violente du groupe à cette critique des institutions existantes, qui doit précéder toute réforme sociale efficace .... »

<u>8.</u>

(JHR) « Au cours des deux derniers siècles, l'application des découvertes scientifiques à la vie quotidienne a révolutionné nos méthodes de satisfaction de nos besoins économiques, notre vie sociale et intellectuelle et toute la gamme des relations de l'humanité. L'impulsion de l'invention, du fer, du charbon et de la vapeur, indispensable au développement des machines à grande échelle ; les machines ont à leur tour engendré l'usine moderne avec son vaste travail organisé, la ville moderne et enfin, notre moyen presque parfait d'intercommunication humaine rapide. L'augmentation considérable de la production de richesses et l'interdépendance croissante des nations ont ouvert la voie à une vaste gamme de spéculations concernant l'amélioration de l'humanité, l'abolition ou la réduction de la pauvreté, de l'ignorance, de la maladie et de la guerre. un outil utilisant un animal contrôlant une machine. L'essor du système d'usine ; la concentration et la localisation de l'industrie ; division accrue du travail et spécialisation des processus industriels. La forte augmentation du volume du capital et de l'étendue des investissements ; la séparation du capital et du travail et la croissance des relations économiques impersonnelles. Problèmes de capital et de travail ; le chômage et le travail des femmes et des enfants ; organisations syndicales. Augmentation de la productivité et expansion du commerce. Les processus industriels deviennent dynamiques et en constante évolution – un renversement complet de l'ancienne stabilité, répétition et isolement.

9.

Certains diront peut-être que les animaux ont fait des « progrès » , ou d'autres diront que les animaux « lient également le temps ». Cet usage de mots redeviendrait un simple verbalisme, un simple discours sur les mots – une simple spéculation n'ayant rien à voir avec *les faits* ou avec une pensée correcte, dans laquelle il n'y a aucun mélange de dimensions. La faculté particulière appartenant exclusivement aux humains que je désigne comme « contraignant le temps », j'ai clairement définie comme une *fonction exponentielle* du *temps* dans le chapitre suivant. Si les gens se plaisent à parler du « progrès » des animaux, ils ne peuvent manquer de voir clairement qu'il diffère tant par sa fonction que par son type ou sa dimension de ce que l'on entend à juste titre par le progrès humain ; La capacité humaine de fixer le temps se situe dans une dimension totalement différente de celle des animaux. Ainsi, si quelqu'un souhaite parler de « progrès » animal ou de « contrainte temporelle » animale , il devrait inventer un mot approprié pour l'éviter de l'erreur de confusion des types ou de mélange des dimensions.

Cette discrimination mathématique entre classes, types, dimensions est de la plus haute importance dans les sciences naturelles, en raison de la transmutation des espèces. Ajuster la théorie de Darwin à la dimensionnalité est un problème un peu plus difficile ; cela implique la notion de « continuum » ; mais avec la théorie moderne de de Vries, ces choses vont de soi . Si les animaux progressent réellement, ce qui est douteux parce qu'ils sont une forme de vie plus ancienne que les humains et qu'ils n'ont montré aucun progrès notable dans la connaissance de l'homme, leurs progrès sont si minimes en comparaison de ceux de l'homme qu'on peut dire, en termes mathématiques , être *négligeable* en tant qu'infinitésimal d'ordre supérieur.

dix.

Il faut se rappeler ici que notre monde est avant tout un conglomérat dynamique de matière et d'énergie qui, aujourd'hui comme au cours de la première période de la vie organique primitive, a pris et prend différentes formes connues et inconnues. L'une de ces formes d'énergie est l'énergie chimique, avec sa tendance aux combinaisons et aux échanges. Différents éléments agissent de différentes manières. L'histoire de la Terre et de sa vie est simplement l'histoire de différentes périodes chimiques, avec différentes transformations d'énergie. Un fait étrange est à remarquer à propos de l'azote. L'azote présente chimiquement une inertie exceptionnelle envers la plupart des autres substances, mais une fois qu'il fait partie d'une substance, presque toutes ces combinaisons constituent une source d'énergie très puissante et toutes ont un effet très puissant sur la vie organique. L'acide nitrique agit par oxydation, les substances sont brûlées par l'oxygène dégagé par l'acide. L'acide nitrique est présent dans la nature, dans une combinaison appelée nitrates. Du sol, les nitrates passent dans la plante. Le nitrite d'amyle agit sur nos organes de la manière la plus violente et la plus spasmodique. Le protoxyde d'azote est ce qu'on appelle le gaz hilarant.

Les alcaloïdes sont des composés d'origine végétale, généralement de composition complexe et capables de produire des effets marqués sur les animaux. Ils contiennent tous de l'azote. Les explosifs, qui sont un moyen chimique de stocker d'énormes quantités d'énergie, sont pour la plupart constitués d'un composé azoté. L'albumine est un composé organique d'une grande importance dans la vie, qui, en plus d'être l'ingrédient caractéristique du blanc d'œuf, est abondant dans le sérum du sang et constitue une partie importante des muscles et du cerveau. Les albuminoïdes jouent le rôle le plus vital dans la vie végétale et constituent une classe étendue de corps organiques présents chez les plantes et les animaux, car ils constituent les principaux constituants du sang et des nerfs. Tous les albuminoïdes trouvés chez les animaux sont produits par les processus réalisés dans les plantes. Leur constitution exacte n'est pas connue ; l'analyse montre qu'ils contiennent environ : Carbone 50-55 %, Hydrogène 6,9-7,5 %, Azote 15-19 %, Oxygène 20-24 %, Soufre 0,3-2,0 %. Le sang veineux contient en 100 volumes : Azote, 13 ; Acide carbonique, 71,6 ; Oxygène, 15.3. Sang artériel : Azote, 14,5 ; Acide carbonique, 62,3 ; Oxygène, 23.2.

« Les composés azotés en général sont extrêmement sujets à la décomposition ; leur décomposition entraîne souvent une brusque et grande évolution de force. Nous voyons que les substances classées comme ferments... sont toutes azotées... et nous voyons que même dans les organismes et parties d'organismes où les activités sont les plus faibles, les changements qui se produisent sont initiés par une substance contenant de l'azote. Nous voyons que la matière organique est constituée de telle sorte que de petites actions accidentelles sont capables de déclencher de grandes réactions et de libérer de grandes quantités d'énergie... La graine d'une plante contient des substances azotées dans une proportion bien plus élevée que le reste de la plante ; et la graine diffère du reste de la plante par sa capacité à initier... des changements vitaux étendus – les changements constituant la germination. De même dans le corps des animaux... dans chaque cellule végétale vivante, il y a une certaine partie qui contient de l'azote. Cette partie initie ces changements qui constituent le développement de la cellule.... C'est un fait curieux et significatif que, en technologie, nous utilisons non seulement le même principe consistant à initier des changements importants parmi des composés relativement stables à l'aide de composés beaucoup moins puissants. stable, mais nous employons pour cela des composés de la même classe générale. Notre méthode moderne de tir avec un fusil consiste à placer à proximité de la poudre à canon que nous choisissons de décomposer ou d'exploser, une petite partie de poudre fulminante, qui se décompose ou explose avec une extrême facilité, et qui, en se décomposant, communique les perturbations moléculaires qui en résultent. à la poudre à canon moins facilement décomposée. Quand on demande de quoi est composée cette poudre fulminante, on trouve que c'est un sel azoté. - Spencer.

<u>11.</u>

Bien entendu, la progression géométrique ne représente pas *précisément* la loi de la progression humaine ; il est employé ici parce qu'il est familier et sert, mieux peut-être que tout autre moyen mathématique simple, à montrer *grossièrement* comment se déroule le progrès humain. Les éléments essentiels d'une progression sont le premier terme P et le rapport R et le nombre des termes T ; dans la progression humaine PR^1, PR^2, PR^3, ... PR^T, P est le statut de départ de la première génération, R est la capacité particulière des humains à lier le temps et est un *don gratuit* et *une loi* de *la nature*, qui ce serait une folie de ne pas reconnaître et accepter comme tel que T est le temps ou le nombre de générations. Il est évident que la grandeur PR^T dépend entièrement des grandeurs PR et T. L'existence de R et T est indépendante de l'homme, R étant une loi de la nature, T un don de la nature, P le statut de départ de la génération initiale. Avec $P = 0$ ou $R = 0$ IL N'Y AURAIT AUCUN PROGRÈS ou progression du tout ; chaque terme dans le cas de la progression humaine dépend principalement du temps et du travail effectué par les morts. L'existence de *la* R et *de la* T échappe totalement au contrôle humain. Les humains ne peuvent contrôler l' AMPLEUR de ces éléments que par l'éducation. C'est là que se pose l'énorme responsabilité de l'éducation. Il n'est pas nécessaire de faire preuve de beaucoup d'imagination pour comprendre que si l'humanité avait toujours été correctement éduquée, la science aurait découvert depuis longtemps les forces et les lois naturelles essentielles au bien-être humain, et la misère humaine serait aujourd'hui relativement faible.

<u>12.</u>

Voir <u>l'Annexe III</u>.